U0096670

古代歷史文化研究輯刊

六 編

王 明 蓀 主編

第 7 冊

北朝的祠祀信仰

蔡 宗 憲 著

國家圖書館出版品預行編目資料

北朝的祠祀信仰／蔡宗憲 著 — 初版 — 新北市：花木蘭文化
出版社，2011〔民 100〕
目 2+150 面；19×26 公分
（古代歷史文化研究輯刊 六編：第 7 冊）
ISBN：978-986-254-601-7（精裝）
1. 祠祀　2. 信仰　3. 北朝史
618　　　　　　　　　　　　　　　　　　　　100015456

ISBN-978-986-254-601-7

9 789862 546017

古代歷史文化研究輯刊
六 編 第 七 冊　　　　　　　ISBN：978-986-254-601-7

北朝的祠祀信仰

作　　者　蔡宗憲
主　　編　王明蓀
總 編 輯　杜潔祥
出　　版　花木蘭文化出版社
發 行 所　花木蘭文化出版社
發 行 人　高小娟
聯絡地址　新北市永和區中正路五九五號七樓
　　　　　電話：02-2923-1455／傳真：02-2923-1452
網　　址　http://www.huamulan.tw 信箱 sut81518@gmail.com
印　　刷　普羅文化出版廣告事業
初　　版　2011 年 9 月
定　　價　六編 25 冊（精裝）新台幣 40,000 元
　　　　　　　　　　　　　　　　　　版權所有·請勿翻印

北朝的祠祀信仰

蔡宗憲　著

作者簡介

蔡宗憲，臺灣嘉義人，臺灣大學歷史學博士，中央研究院歷史語言研究所博士後研究，曾於佛光大學歷史系、臺灣科技大學、輔仁大學歷史系擔任兼任助理教授，現為中興大學歷史系助理教授。著有《中古前期的交聘與南北互動》專書一本，〈淫祀、淫祠與祀典──漢唐間幾個祠祀概念的歷史考察〉、〈南北朝的客館及其地理位置〉、〈佛教文獻中的山神形象初探〉等期刊論文數篇。專長領域為魏晉南北朝史，主要關注於文化交流、宗教信仰與社會變遷等課題。

提　要

　　祠祀信仰是中國傳統宗教的主要內涵，其淵源甚早，在政治、社會、經濟、軍事、禮學、民眾的精神與生活等層面均有深遠的影響，是研究中國文化時不可輕忽的一個重要範疇。先秦時，大致已經發展出祭祀天神、地祇與人鬼的祠祀體系，官方祠祀有明顯禮制化的傾向，民間祠祀則時有新變，但常受統治者的節制。自東漢至北朝期間，中國內部發生一些巨大的變動，如佛教傳入、統一帝國瓦解、北亞草原民族進入中原建立政權等，對中國本土的祠祀信仰產生了不少衝擊與影響。就民族、宗教與文化的融合而言，北朝明顯處於一個過渡性的階段，祠祀信仰在此時所引發的種種現象，不僅具有強烈的時代特色，也有助於我們理解隋唐的祠祀文化。

　　本書首先探究祠祀信仰的構成要素與宗教特性，繼而剖析北朝時祠祀信仰所引發之政治與社會現象、祠祀與佛教的互動情形，並根據《魏書》〈地形志〉和《水經注》中的祠廟記錄，歸納統計，以呈現北朝時各類祠廟的數量比例與分布情形。

目

次

第一章 緒 論

中國的祠祀信仰是一種古老而複雜的宗教活動，作為一種文化的呈現，它廣布於社會各階層，影響力既深且廣。近年來，以祠祀信仰為主題的研究有日漸增多的趨勢，不過，專以北朝為範圍者仍屬少見。在有關祭祀活動的通史性論述中，若非被忽略，便僅只作為南北朝時期的附言，著墨不多。六朝宗教史研究也多偏重於東晉南朝，較少涉及北朝。惟筆者所據資料係以中、日文為主，對於英、法文的研究成果尚未遑深入掘取，若有遺珠之憾，容待日後再行整補。大致而言，相對於南朝，北朝祠祀信仰的研究是較為不易的。為使本書在架構與問題上有較清楚的呈現，並對現有的研究成果與相關史料進行一番檢討，以下略分三節詳加論述。

第一節 研究動機與問題的界定

本節分為研究動機與問題的界定兩項，希望能循序漸進地將祠祀信仰的研究主題帶引出來。不過，這裡所談的主要仍是技術層面的問題，亦即在於提示本研究的重要性，並對所討論之客體的時代、內容特性、範圍、取向，先作初步的界定，以便為下文的論述提供一個原則性的方針。至於全書的問題綱領，在下章關於祠祀信仰的特性一節中才會提到。

一、研究動機

祠祀信仰起源甚早，在中國古代社會中的分布層面亦很廣，在政治、社會、經濟、禮制與人生觀等各方面，都看得到它的作用與影響。而且由於它的網絡穿織於社會與文化的各方面，作為窺探古代社會實況的一面廣角鏡，

它具有高度的研究價值。

　　相較於佛教、道教的研究，祠祀信仰在學界並未受到足夠的重視，它的研究成果可說是微乎其微。推究其原因，在客觀條件上，祠祀信仰的宗教主體性較不顯著，且有關的記載材料相當零散，不若佛教與道教，除了本身有經典可作為教義的探索，其它各類的相關活動也多有專書特為記載，譬如大量的僧傳、神仙傳、佛寺志資料，這些優勢是祠祀信仰所不及的。尤其是佛教與道教研究已取得相當成果之後，對於同時代並存的其它宗教信仰的情況，將有必要加以考察，用資比較參照。不過，本書主要的關注之處不在於此，而是正視祠祀信仰本身發展的軌跡，及其引發的各種政治、社會與宗教互動的現象。

　　總之，促成這項課題的研究動機，除了個人主觀性的興趣因素外，祠祀信仰的客觀價值與重要性，以及它在中國宗教史中的地位，也都是展開研究時考量的重點。

二、問題的界定

　　祠祀信仰在發展的過程中，最重要的一個變化應為官、民系統的分化，變化的時間或許在周初。殷商時代的祭祀活動已相當發達，周代時，祠祀信仰與封建制度、宗族血緣產生進一步的結合，形成一套禮制化的官方祠祀體系，祭祀思想中有濃厚的倫理觀念，這個觀念小至個人的行為規範，大到治國的原理，可以說是一以貫之。祠祀信仰的禮制化使它具有理性的思維角度，卻也趨向於形式與僵化，在政治統制的運作下，也產生了政治教化與規範的作用，這些作用的對象正是平民的生活與祠祀活動。由於祠祀信仰具有官、民的雙重面向，在民間祠祀不斷地擴展與統治者的控制、利用下，便產生了多樣的政治、社會關係，祠祀信仰因而超越了本身所具備的宗教屬性，成為一種多元價值交錯的社會活動。除了政治力的運作之外，祠祀信仰本身的宗教屬性也使它與其它宗教產生互動的關係，最明顯的即是佛教與道教。本書所要研究的祠祀信仰即是指這種具有政治、社會與宗教意義的信仰活動。

　　本書以北朝作為祠祀信仰的研究範圍，在選擇上有一些研究現況的考量。首先，歷來研究者對於北朝宗教史的研究多集中在佛教與道教，祠祀信仰是少被注意的，這項研究正好可以補足這項空缺。其次，北朝是相對於南朝的統治範圍，南方的巫俗活動自古較盛於北方，南北朝時期的民間宗教研究也是南朝多於北朝，北朝祠祀信仰的可開發性於焉可見。進而言之，從比

較研究的角度來說，北朝文化史的研究一直是較南朝爲少，北朝祠祀信仰的研究除了可以作爲佛、道教的比較客體，也正好提供作爲南、北朝的宗教與文化史比較的資材。

此外，從北朝時空環境的特殊性而言，考察這時期的祠祀信仰也具有發展史與文化融合的研究意義。從縱向的時間面來看，西漢時期神仙、方術盛行，東漢則除了讖緯與經學神化的發展，也有佛教的傳入與道教的興起，這些對祠祀信仰都有相當大的影響。魏晉以後，志怪小說的風氣大爲盛行，有許多祠祀的活動即見諸於鬼怪的傳說中。而且，佛、道教的勢力在此時期持續擴張，特別是佛教，從初傳到盛行，與祠祀信仰的互動關係是否有什麼變代？這個轉變在北朝時呈現何種面貌？解答這個疑問，正是觸及到了在殷商以降的祠祀演變中，北朝的祠祀信仰具有什麼歷史地位的問題。

在時代範圍上，有一點是必須補充說明的，本書雖以北朝爲主要的時代範圍，但行文中，基於追溯歷史原委的需要，取材範圍將會有超出北朝的情形，其中尤以漢代的部分爲多。其次，隋初所據有的版圖正是北朝的疆域，在它結束南北分裂的局面後，在禮制與宗教政策上具有廣納南北文化的情形，因此，本書亦將隋代納入北朝祠祀信仰的範圍。

在界定研究的時代範圍時，我已大致提出了本書所關心的課題，不過，在這些課題下，仍有許多基礎的研究必須進行。例如，祠祀信仰具有哪些特性？這些特性在宗教互動時會產生什麼影響？巫覡在祠祀信仰中扮演什麼角色？此外，爲了對祠祀信仰的整體面貌有更清楚的瞭解，深入考察它的具體活動與事物也是必要的，主要的內容有參與者（包括信仰者、批評者與改造者等）、祭儀（包括獻牲、廟會、卜祝等）與祠廟（祠廟的名稱、類別、功能、神像、分布等）。必須一提的是，本書既將祠祀信仰的研究範圍界定爲具有政治、社會與宗教等多重性的信仰活動，整個研究的取向自然也著力於呈現它的多面性，而非單僅就宗教信仰的角度來處理。

第二節　研究回顧

祠祀信仰是學界較少觸及的範圍，經過筆者多方搜集資料所見，關係殷、周兩代的宗教研究中，祭祀與禮制是主要的範圍；兩漢時期的研究課題多集中在神仙方術、讖緯、儒教國家與社祀的發展；魏晉南北朝的宗教研究則多以佛、道教的發展爲主，近年來在鬼怪傳說與巫俗部分的研究有漸多的趨勢，

但大多以南朝爲主。唐、宋之後，宗族祠堂則成爲一新的研究課題。以此觀之，每個時代的民間宗教或祠祀信仰的研究，自有它偏重的方向，這也是各時代所呈現出的特殊風貌。

就時代與主題的相關性而言，關於北朝祠祀信仰的研究，可以說是相當地少，而這些極少數的作品也大多專注於特定對象，並未對祠祀信仰進行較廣泛的研究。其中，與本書內容關係較密切的有日本學者宮川尚志的〈水經注に見えた祠廟〉〔註1〕一文，該文主要以《水經注》中所見的祠廟爲研究對象，但作者頗能站在中國宗教史的脈絡下，旁引其它史書，深入解讀各種祠廟活動所蘊含的社會與文化意義，是關於漢魏六朝時期祠廟信仰演變的重要著作。筆者的研究頗受該文的啓發，然於研究中亦有足以超越該文之處，蓋宮川氏所用資料受限於《水經注》的記載，對於《魏書》〈地形志〉卻僅只提及而未能善加利用，由於對祠廟的數量掌握有限，因此，對於祠廟分布的範圍，其推論不免宥於《水經注》而致生錯誤。

宮川氏尚有〈六朝時代の巫俗〉〔註2〕一文，該篇先對魏晉南北朝的巫覡活動進行全面的考察，而後探討巫俗與儒教、佛教的關係。作者所關心的是整個魏晉南北朝時期，因此，北朝的巫俗並未被忽視。在研究客體上，宮川氏的研究主要的著眼點是巫者，但在巫俗的考察上，也涉及儒教祠祀與佛教的關係，而在〈水經注に見えた祠廟〉一文中，作者也處理了祠祀與道教的關係。本書與宮川氏的研究取徑與側重面向不同，但在研究成果上當可相互發明。

除了宮川氏的作品外，以下的研究回顧我分成兩個部分來敘述，一是與北朝祠祀直接相關的，一則是與祠祀有關的通論性或專題性的著作，雖不直接與北朝祠祀相關，但具有參考價值者。第一部分的作品不多，在祠祀信仰與政治的關係方面，主要有康樂的《從西郊到南郊──國家祭典與北魏政治》〔註3〕一書，作者透過對北魏孝文帝的郊祀改制的研究，探討鮮卑拓跋氏進行漢化的政治與文化轉變的意義，對於北魏祭禮與鮮卑的氏族組織有深入的研究。從祠祀制度面的研究則有金子修一的〈關於魏晉到隋唐郊祀、宗廟制度〉

〔註1〕宮川尚志，〈水經注に見えた祠廟〉，《六朝史研究（宗教篇）》（京都：平樂寺書店，1977年），頁366～390。

〔註2〕宮川尚志，〈六朝時代の巫俗〉，《六朝史研究（宗教篇）》，頁336～365。

〔註3〕康樂，《從西郊到南郊──國家祭典與北魏政治》（臺北：稻鄉出版社，1995年）。

〔註4〕，該文討論範圍僅及於郊祀與宗廟，議論旨趣則在於探明從魏晉到唐代郊祀與宗廟制度的發展，進而論證皇帝制度的內涵以及中國禮制對日本禮制的影響。陳戍國《魏晉南北朝禮制研究》〔註5〕一書主要是利用魏晉南北朝諸正史的〈禮（儀）志〉，排比考較諸朝各種禮制（五禮：吉、凶、軍、賓、嘉）的沿革異同，不單限於祠祀部分（主要是屬於吉禮的範圍）。作者對各種禮制條項分明地加以敘述，並將各時期的禮制撮要而置於篇章之末，是便於翻檢利用的參考書。此外，在宗教的互動關係上，唐長孺的〈魏晉期間北方天師道的傳播〉〔註6〕一文中，有一節為「曹魏時期對於祠祀巫祝的禁令」，主旨在於論證從曹魏至晉初，淫祀禁令甚嚴與當時黃巾起義的餘威猶在有關，說明了官方祠祀政策與天師道發展的關係。

　　第二部分可以依研究的對象再分成兩類，首先是以古代的宗教信仰、禮俗為主體的著作，論述時間貫通各代，屬於通史性質的有洪德先〈俎豆馨香——歷代的祭祀〉〔註7〕、蒲慕州的《追尋一己之福：中國古代的信仰世界》〔註8〕、劉曄原、鄭惠堅合著的《中國古代祭祀》〔註9〕、王貴民的《中國禮俗史》〔註10〕，與馮佐哲、李富華合著的《中國民間宗教史》〔註11〕等諸部作品，其中洪德先與蒲慕州兩部屬專論性著作，後三者則較具通俗性色彩。洪文主要針對祭祖、社祭與祭天三個範疇來談祭祀，唯涵括時間十分綿長，幾乎從商周到近代，只能就重要史事論述祭祀發展的趨勢，文中關於魏晉南北朝的部分並不多。蒲書是研究中國古代信仰的一部重要著作，考察的時間範圍為殷商到兩漢，作者有意藉由考古資料與傳統文獻的結合，研究民間的宗教社會心態，在史料多為知識階層所遺留的情形下，這個嘗試是頗具挑戰性的。他努力地在貴族與知識階層的史料（包括考古材料）間，讀出平民宗

〔註4〕　金子修一，〈關於魏晉到隋唐郊祀、宗廟制度〉，《日本中青年學者論中國史（六朝隋唐卷）》（上海：上海古籍出版社，1995年），頁337～386。

〔註5〕　陳戍國，《魏晉南北朝禮制研究》（長沙：湖南教育出版社，1995年）。

〔註6〕　收入唐長孺著，《魏晉南北朝史論拾遺》（北京，中華書局，1983年），頁223～238。

〔註7〕　洪德先，〈俎豆馨香——歷代的祭祀〉，《中國文化新論（宗教禮俗篇），敬天與親人》（臺北：聯經出版事業公司，1993年），頁365～409。

〔註8〕　蒲慕州，《追尋一己之福：中國古代的信仰世界》（臺北：允晨出版社，1995年）。

〔註9〕　劉曄原、鄭惠堅著，《中國古代祭祀》（臺北：臺灣商務印書館，1998年）。

〔註10〕　王貴民，《中國禮俗史》（臺北：文津出版社，1993年）。

〔註11〕　馮佐哲、李富華著，《中國民間宗教史》（臺北：文津出版社，1994年）。

教的氣息，但由於這些氣息多依附在貴族與知識階層的宗教活動上，因此，本書事實上所呈現的乃是官、民兩階層的信仰世界。

此外，漢代是儒教政治色彩相當濃厚的時代，祠祀信仰在當時的政治環境中扮演了相當重要的角色，宗廟與郊祀制度的改革往往關連著政治權力的重要變化，魏晉以下的宗廟與郊祀制度受漢代的影響很深，許多祠堂也都是漢代的遺留。從這個層面而言，對於漢代儒教與政治之關係的瞭解乃是必要的，這方面的研究作品主要有渡邊義浩的《後漢國家の支配と儒教》〔註12〕與板野長八的《前漢末に於ける宗廟郊祀の改革運動》。〔註13〕

其次是以祠祀信仰中的具體成份爲研究主題，如儀禮、巫覡、祭祀祠宇、神祇與死後世界（想像的存在）等，以下略述相關的重要著作。

在祭祀儀禮的規範下，祠祀活動具有高度的倫理意義，周代封建制度下尤其如此，因此，祭祀而逾越禮的規範便被視作「淫祀」。「淫祀」一詞於《禮記》中早已出現，此一概念常爲後世所引用，一般指稱的都是官方祀典之外的民間祭祀。對於這種逾越禮法的祭祀活動，德國學者 Rudolf Herzer 撰有〈淫祀及び淫祠の考察〉〔註14〕一文加以研究，作者採清人孫希旦的解釋，從詞義的分析著手，認爲「淫祀」的定義有兩種：一是祭祀國家祭典以外的神，二是僭越身分而祭祀。以這兩種定義爲根據，進而研究「淫祀」與巫覡、民間宗教一般神祇的關聯。唯分析的事例雖略涉及三國至唐宋的史料，大致仍以明清時代爲主。〔註15〕關於漢、唐之間淫祀、淫祠與祀典這幾個概念的涵意，筆者近年撰有〈淫祀、淫祠與祀典——漢唐間幾個祠祀概念的歷史考察〉〔註16〕專文詳加討論。

在祭祀祠宇的研究方面，主要可分爲兩大類：即社與祠廟。社的起源較早，屬於土地神的信仰，早期的社多爲春、秋二社，研究的作品主要有凌純

〔註12〕渡邊義浩，《後漢國家の支配と儒教》（東京：雄山閣，1995 年）。

〔註13〕收入板野長八，《中國古代における人間觀の展開》第二十章（東京：岩波書店，1976 年）。

〔註14〕ルドルフ・ヘルツアー著、福井重雅譯，〈淫祀及び淫祠の考察〉，《漢魏文化》第四期，1963 年 10 月。

〔註15〕本書以北朝爲考察的主要範圍，宋至清代祠祀信仰研究，讀者可參見蔣竹山，〈宋至清代的國家與祠神信仰研究的回顧與討論〉一文，《新史學》八卷二期，1997 年 6 月，頁 209～210。

〔註16〕蔡宗憲，〈淫祀、淫祠與祀典——漢唐間幾個祠祀概念的歷史考察〉，《唐研究》第十三卷，2007 年 12 月，頁 203～232。

聲的〈中國古代社之源流〉〔註17〕、勞榦的〈漢代社祀的源流〉〔註18〕、姜亮夫的〈示社形義說〉〔註19〕、瞿兌之的〈社〉〔註20〕、藤枝了英的〈社の原始的形態た就いて〉〔註21〕與寧可的〈漢代的社〉〔註22〕等，凌純聲與勞榦等早期的研究多重在考察社的源流，寧可則以漢代的社為研究重點。這個轉向在接續到南北朝社邑的研究時，有重要的參考意義，亦即社乃中國本有的宗教與社會組織，北朝時佛教便藉由這種形式來進行深入基層民眾的手段，傳統的春秋二社遭到佛教僧人的改造，這方面的研究有寧可的〈述「社邑」〉〔註23〕與郝春文的〈東晉南北朝時期的佛教結社〉。〔註24〕

　　以祠廟為研究對象的作品，除了前述宮川尚志的〈水經注に見えた祠廟〉一文，尚有若干論著，但多屬特殊性與單一種類的祠廟。如「生祠」，祠廟本只用以祭祀死者，東漢時出現了「生祠」之後，後代續而廣之，成為祠祀信仰中的一種特殊現象。但研究者不多，長部和雄的〈支那生祠小考〉〔註25〕是筆者目前所僅見的一篇。其次，佛教傳入中國之初，信奉者多以神道視之，因此佛教帶有祠祀化的色彩，佛教寺宇被稱作「祠」的例子不少，顯示出過渡期的現象，相關的研究有小川貫弌的〈浮屠祠と祠堂〉〔註26〕與周一良的〈能仁與仁祠〉〔註27〕。再者，祠堂的涵義主要有兩種，一種是紀念聖賢與名宦鄉賢的紀念堂，新美寬的〈夷伯の廟について〉〔註28〕即是以這種

〔註17〕凌純聲，〈中國古代社之源流〉，《中央研究院民族學研究所集刊》第十七期，1965 年。

〔註18〕勞榦，〈漢代社祀的源流〉，《中央研究院歷史語言研究所集刊》第十一期，1943 年。

〔註19〕姜亮夫，〈示社形義說〉，《古史學論文集》（上海：上海古籍出版社，1996 年），頁 207～220。

〔註20〕瞿兌之，〈社〉，《中國上古史論文集》（臺北：華世出版社，1979 年）。

〔註21〕藤枝了英，〈社の原始的形態に就いて〉，《支那學》十卷二期，1942 年，頁 45～93。

〔註22〕寧可，〈漢代的社〉，《文史》第九期，1980 年，頁 7～13。

〔註23〕寧可，〈述「社邑」〉，《北京師範學院學報》，1985 年第一期，頁 12～24。

〔註24〕郝春文，〈東晉南北朝時期的佛教結社〉，《歷史研究》，1992 年第二期，頁 90～105。

〔註25〕長部和雄，〈支那生祠小考〉，《東洋史研究》九卷四期，1945 年 11 月。

〔註26〕小川貫弌，〈浮屠祠と祠堂〉，《印度學佛教學研究》十九卷二期，1971 年。

〔註27〕周一良，〈能仁與仁祠〉，《魏晉南北朝史論集》（北京：中華書局，1963 年），頁 305～313。

〔註28〕新美寬，〈夷伯の廟について〉，《支那學》十卷四期，1942 年 12 月，頁 45～93。

單一祠廟爲專題；另一種則是由宗廟與墓所祠堂演變而成的宗族祠廟，主要的作品有凌純聲的〈中國祖廟的起源〉〔註 29〕與馮爾康的《中國古代宗族與祠堂》。〔註 30〕

　　巫覡是溝通人神的重要媒介，祠祀活動的進行也多有巫覡參與其中，關於巫覡的研究，有狩野直喜的〈支那上代の巫、巫咸に就いて〉、〈說巫補遺〉與〈續說巫補遺〉等三篇〔註 31〕，加藤常賢的〈巫祝考〉〔註 32〕與林富士的《漢代的巫者》〔註 33〕，加藤氏主要以金文資料考察周代的巫祝，林書則是以漢代的巫爲研究的對象，北朝的巫覡活動則有前述宮川尚志的〈六朝時代の巫俗〉一文。另外，死後世界的存在是祠祀信仰之宇宙觀的呈現，余英時的〈中國古代死後世界觀的演變〉〔註 34〕一文，討論了關於死後世界的世俗形態及其變遷；賴雅靜的〈六朝志怪小說中的死後世界〉〔註 35〕除了考察死後世界中的天上冥界與地下冥界，對於出現於人間的鬼魂活動也有專節加以討論。

　　祠祀信仰的神祇種類相當龐雜，不同的神祇可能即代表不同的信仰內容，因此，對於神祇的瞭解是很重要的。以眾神的敘述爲主軸的著作有詹鄞鑫的《神靈與祭祀──中國傳統宗教綜論》〔註 36〕與烏丙安的《中國民間信仰》〔註 37〕，二者對於神祇採自行分類的方式，詹書係以自然界（包括天、地、日、月、山、川等）與生命屬性（分爲人神與生物神）爲分類，烏書則以神祇的特性（如自然物與幻想物及其所具有的自然力與超自然力）爲依據。以單一類神祇爲對象的研究中，數量較多的應屬山、川神的作品，諸山

〔註 29〕凌純聲，〈中國祖廟的起源〉，《中央研究院民族學研究所集刊》第七期，1959年。

〔註 30〕馮爾康，《中國古代的宗族與祠堂》（北京：商務印書館，1996 年）。

〔註 31〕狩野直喜，《支那學文藪》（京都：弘文堂書房，1927 年），頁 23～39、40～57、58～77。

〔註 32〕加藤常賢，〈巫祝考〉，《中國古代文化の研究》（東京：明德出版社，1980年），頁 103～132。

〔註 33〕林富士，《漢代的巫者》（臺北：稻鄉出版社，1999 年）。

〔註 34〕余英時，〈中國古代死後世界觀的演變〉，《中國思想傳統的現代詮釋》（臺北：聯經出版事業公司，1987 年），頁 123～143。

〔註 35〕賴雅靜，〈六朝志怪小說中的死後世界〉（臺北：國立政治大學中國文學研究所碩士論文，1990 年）。

〔註 36〕詹鄞鑫，《神靈與祭祀──中國傳統宗教綜論》（南京：江蘇古籍出版社，1992 年）。

〔註 37〕烏丙安，《中國民間信仰》（上海：上海人民出版社，1998 年）。

中以五岳爲尊，五岳又以泰山爲首，加以封禪祭祀與泰山掌鬼的信仰，因此，關於泰山信仰的研究在數量上便明顯爲多，重要的作品有酒井忠夫的〈泰山信仰の研究〉〔註38〕與劉增貴的〈天堂與地獄：漢代的泰山信仰〉〔註39〕。大陸學界則有《泰山研究論叢》〔註40〕陸續出刊，研究範圍也明顯地擴大。其它關於山岳信仰的研究著作尚有森鹿三的〈支那古代に於ける山嶽信仰〉〔註41〕與〈晉・趙北方進展と山川の祭祀〉〔註42〕二篇，井上以智爲的〈五嶽眞形圖に就ついて〉〔註43〕、〈北岳恆山と北岳廟〉〔註44〕與〈北嶽恆山の祭祀〉〔註45〕等篇。

　　水神信仰的研究較山岳信仰少，主要有黃芝崗的《中國的水神》〔註46〕、王孝廉的〈黃河之水：河神的原像及信仰傳承〉〔註47〕與李豐楙的〈宋朝水神許遜傳說之研究〉〔註48〕，其中李豐楙的論文除了吸取黃芝崗的研究成果外，也大量使用道藏與筆記小說中的資料，題目雖然標爲宋朝，但在論述水神的傳統、特性、發展的地域性以及與道教的關聯上，均可以供作研究的參考。人死後而擔任山、川神的例子不少，這種現象也可以視爲人鬼神祇的一種特性，但祠祀信仰中，人死後仍較多以人神或人鬼的角色出現，相關的研

〔註38〕 酒井忠夫，〈泰山信仰の研究〉，《史潮》七卷二期，1937 年。

〔註39〕 劉增貴，〈天堂與地獄：漢代的泰山信仰〉，《大陸雜誌》九十四卷五期，1997年 5 月。

〔註40〕 李明正、張杰主編，《泰山研究論叢》（青島：青島海洋大學出版社，1990年）。

〔註41〕 森鹿三，〈支那古代に於ける山嶽信仰〉，《歷史と地理》二十八卷六期，1931年。

〔註42〕 森鹿三，〈晉・趙北方進展と山川の祭祀〉，《東洋史研究》一卷一期，1935年 10 月。

〔註43〕 井上以智爲，〈五嶽眞形圖に就ついて〉，《(內藤博士還曆祝賀) 支那學論叢》（京都：弘文堂書房，1925 年），頁 43～91。

〔註44〕 井上以智爲，〈北岳恆山と北岳廟〉（上、下），《歷史と地理》十四卷六期、十五卷二期，1924 年 12 月。

〔註45〕 井上以智爲，〈北嶽恆山の祭祀〉（一、二），《歷史と地理》十五卷四期、十五卷六期，1925 年 4、6 月。

〔註46〕 黃芝崗，《中國的水神》（香港：龍門書店，1968 年），據民國 23 年（1934）排印本影印。

〔註47〕 王孝廉，〈黃河之水：河神的原像及信仰傳承〉，《漢學研究》八卷一期，1990年 6 月。

〔註48〕 李豐楙，〈宋朝水神許遜傳說之研究〉，《漢學研究》八卷一期，1990 年 6月。

究有宮川尚志的〈項羽神の研究〉〔註49〕與林富士的〈六朝時期民間社會所祀「女性人鬼」初探〉〔註50〕等文。

第三節　使用的資料
——兼論聖賢冢墓、祠廟與佛寺的史書記載

一、使用資料

　　本書所利用的史料中，北朝諸正史是主要的材料，其次則有《水經注》。諸正史所載關於祠祀與祠廟的記載散見於各帝紀、禮志與列傳，依附於禮制沿革、帝王詔祀之令與地方官吏施政等項中，可見祠祀雖屬宗教信仰之性質，其在禮制與政治中的地位亦佔有很重的份量。諸正史中，《魏書》〈地形志〉於各州之郡縣條下繫有該地的祠冢亭臺，其數甚夥，為北朝祠廟留下重要的研究材料。這份資料雖然只有祠冢亭臺的名稱，由於它們的地理位置均甚為明確，正好可與《水經注》中的祠廟記載互相參照。《水經注》一書主要以江河水系為軸，由河川起源追流至海，於流域所經之處，詳引史料，稽考其歷史活動的人事物，關於祠冢亭臺每有傳聞軼說可資參考，提供了相當生動而珍貴的宗教史材料。且其數量之多，約與《魏書》〈地形志〉相埒，為本書的比較研究提供了重要的基礎。

　　其次，魏晉南北朝時期的志怪小說與大藏經中的僧傳資料也是本書使用材料的主要來源。魏晉南北朝的志怪小說中，若以神仙與鬼怪作為分類，神仙傳記的源頭可以上溯至東漢劉向的《列仙傳》，至東晉葛弘的《神仙傳》均屬同系的作品，是研究早期道教神祇的重要資料。志怪小說主要以東晉干寶所撰的《搜神記》為代表，後有托名陶淵明的《續搜神記》，但這些作品的多屬東晉南朝的著作。北朝則有北齊顏之推所撰的《冤魂記》，值得一提的是，早期的志怪小說多為各種奇聞異說的綜合性纂集，該書是首部以冤魂報應為主題的鬼怪作品，且在報應思想上頗有佛教影響的成份。神仙傳記與鬼怪傳說雖然未可列於信史，但這類作品的創作也有它植基的時代背景，何況祠祀信仰本與這種神仙、鬼怪的傳說有密切的關係，因此，如果小心運用，志怪

〔註49〕宮川尚志，〈項羽神の研究〉，《六朝史研究（宗教篇）》，頁391～414。
〔註50〕林富士，〈六朝時期民間社會所祀「女性人鬼」初探〉，《新史學》七卷四期，1996年12月，頁95～117。

小說正好是民間祠祀信仰最眞實而貼切的直接史料。

　　僧傳資料中也有不少祠祀信仰的資料，但由於僧傳的作者本身是佛教僧侶，有關民間祠祀的記載多是從佛教的角度出發。從《高僧傳》到《續高僧傳》，可以發現一個較大的變化是，《高僧傳》中的許多佛寺與神僧具有較強的祠祀色彩，至《續高僧傳》時，僧人已採取較積極乃至強硬的態度，對於民間的祠祀信仰加以改造。因此，僧傳所提供的資料正好提供我們用以考察祠祀信仰與佛教間的互動關係。

　　上述三項是本書研究的主要材料，其餘的材料則散佈於各種文獻中，如從個人文集中也能找到少數的祠祀資料，單篇文章主要是祭祀山、川的祝文，詩歌則多只吉光片羽地提及，北魏鄭道昭的〈詠飛仙室詩〉、北周王晞的〈詣晉祠賦詩〉與庾信的〈西門豹祠〉、〈至老子廟應詔詩〉等，是今傳北朝詩歌中少數的專題詠歌。南朝的祠廟詠歌在數量上明顯較北朝爲多，且如梁簡文帝賦〈漢高廟賽神詩〉一首，而有劉孝儀、庾肩吾等人的唱和，庾肩吾並有〈亂後經夏禹廟詩〉。祠廟在北朝詩歌中卻是極冷門的寫作題材，這現象除了因北人詩歌創作與流傳作品較少，以及詩歌創作取材的偏好外，是否與祠廟在北朝人生活中的社會機能有關？亦即祠廟深入平民與士人的生活程度，較諸南朝，乃至唐朝，有何不同？

　　以上諸項是本書所使用的資料，以及因材料所觸發的一些思考。在研究取徑上，本書的立論多自事件與現象出發，因此，對於上述材料盡力蒐羅採用，而前人的研究成果在大背景的鉤勒與問題深度的呈現上，也提供了很大的幫助。

二、聖賢冢墓、祠廟與佛寺的史書記載

　　《魏書》〈地形志〉與《水經注》均非專以祠廟爲主所留下的記載，而是依附在地理性的記錄與描述中，筆者因此對古書中冢墓亭臺的歷史性質感到好奇，亦即，在中古史學中冢墓亭臺的定位是什麼？是否有關於這些事物的專門記載，其內容又如何？筆者翻檢史書時，發現有兩本今已不傳的著作——《聖賢冢墓記》與《廟記》，二者成書均在魏晉南北朝時期，茲略考其著作背景與內容於下。

　　《聖賢冢墓記》初見錄於《隋書》〈經籍志〉，歸入史部地理類，作者李彤，未詳其年代、爵里。今查隋前名喚李彤者，有《隋書》〈經籍志〉所載晉

朝議大夫李彤一人〔註51〕，著有《字指》，屬小學類，可見其於儒典當深所涉獵，從他的治學方向，我們或可推測此李彤亦是《聖賢冢墓記》的作者。若然，在晉時已有專書爲聖賢冢墓做記載，則聖賢冢墓存在之現象當已引起相當程度的重視。

祠廟專書則出現於南朝梁，略晚於《聖賢冢墓記》。《隋書》〈經籍志〉、《舊唐書》〈經籍志〉與《新唐書》〈藝文志〉中均錄有《廟記》一卷，並皆歸入史部地理類，作者吳均，南朝梁人〔註52〕。今查《梁書》〈文學傳·吳均〉與《南史》〈文學傳·吳均〉，均載其著《廟記》十卷，是則在傳世的過程中已嚴重散佚。今就《史記》正義、索隱與《漢書》、《後漢書》所引《廟記》佚文，知其內容非僅載記祠廟，宮殿、皇陵與冢墓亦均在記載之列。其書歸於史部地理類，對於宮、祠、陵、冢的掌故多所記載，由此亦可略知在古代地理學的範疇中，這些地上建物可能被視爲相類的事物而予以著錄。這點可以參看《三輔黃圖》、《水經注》等地理書，就中對於地上建物之記載，祠冢多於宮陵，亦多於寺觀。但隨著佛教與道教的發展，在後來的史部地理類的方志中，寺院與道觀也與宮、祠、陵、冢等建物一般，被分門別類而記載它們的歷史沿革與傳說，例如唐代陸廣微的《吳地記》與北宋朱文長的《吳郡圖經續記》等書。〔註53〕

儘管早在魏晉南北朝時即有《廟記》與《聖賢冢墓記》兩本專書的出現，但是，有關宮陵、祠廟、冢墓與亭臺的記載，後來的發展卻多局限於方志中史蹟沿革與傳說中的一門，不如佛教寺塔志能成爲一種獨樹一幟的專志。因此，目前若想對祠廟、冢墓這一類建物進行研究，由於資料分布相當零散，必須從各類史書、地理方志與志怪小說中逐一蒐尋，相當耗時而辛苦。本書

〔註51〕《隋書》，卷三十二〈經籍志·經·小學〉：「《字指》，二卷，晉朝議大夫李彤撰。」頁943。然遍查《晉書》卻未見李彤之名，且亦未見朝議大夫之官稱，據《通典》，卷三十四〈職官〉：「朝議大夫，隋置散官，以取漢諸大夫得上奉朝議爲名。」（頁937）若然，則朝議大夫之職稱應起於隋，自無於晉時有此官銜之理，《隋書》所載或當存疑。

〔註52〕《廟記》一書的作者，所傳非一，朱祖延的《北魏佚書考》（河南：中州古籍出版社，1985年）據《冊府元龜·國史篇》，歸之於北魏楊衒之，今案：楊衒之生平爵里不詳，僅以《冊府元龜·國史篇》所載而判定爲楊氏所撰，亦嫌粗疏。此處僅取其成書年代約在蕭梁時期，以顯示祠廟作爲記載主體出現的標誌。

〔註53〕唐·陸廣微，《吳地記（後集及其他一種）》（臺北：臺灣商務印書館，1960年）。

的研究工作即多循這條途徑展開，並對幾項重要的祠祀主題建立資料表，如官方祠祀山川詔、禁斷淫祀詔、祠廟分類、位置與傳說等，附在書末，希望對於日後祠祀信仰的研究能有些微的助益。

小　結

　　總之，從祠祀信仰對政治、社會、經濟與心理的作用來說，它的影響力與重要性是值得重視並加以研究的。長期以來，北朝史的研究在範圍上稍顯狹隘，雖然已取得相當不錯的成績，但大部分的主題多圍繞著政治問題，如胡漢關係、鮮卑族漢化、府兵制與士族門閥等。北朝文學史的研究，在這幾年才陸續有新的成果發表。在宗教史研究方面，佛教與道教是最被重視的，祠祀信仰則多只擇其中部分進行研究，如巫俗。不過，若以南、北朝的研究比重而言，南朝所受的重視往往又盛於北朝。從文化史的角度來看，北朝是一段多方勢力交錯的時期，在民族衝突與融合、政治統治、制度創建、士族門閥、宗教傳播與演化等方面，均有複雜的糾結關係。要瞭解一個時代的精神與面貌，除了要深化原有的研究面向，更要發掘新的視角，進而將研究成果加以整合。本書在研究定位上，應該是屬於新視角的呈視，但願能在北朝文化史的研究領域中多少有點貢獻。

第二章　祠祀信仰概說

　　祠祀信仰是中國宗教現象中的一個古老而顯著的部分，它本身並未具足成為一個完備的宗教體系〔註1〕，有學者即指出「民間信仰」其實只是一些個別的信仰習俗的綜合體，而不是「一個」具特定組織和教義的「宗教」〔註2〕。儘管如此，我們從它的內容與現象中，仍然可以發現若干與宗教相類的事物，如神職人員（祠祀官與巫覡）、神統（天神、地祇與人鬼）、祭場（祠廟、社等）、祈願（祠祀的功能）、祭儀與祭品等，這些是我們在考察祠祀信仰時所必然會接觸到的事物，而更深入的研究亦有賴於對它們的掌握與瞭解，因此，本章擬先就祠祀信仰的構成要素作一概說。

　　其次，本書著眼於考察祠祀信仰的政治和社會面向，故擬從漢代至南北朝時期的各種祠祀活動中，初步鉤勒祠祀信仰的特性，分官方與民間祠祀兩方面來談。大致而言，這一節所提示的現象與問題，在其後的章節中都會進一步地論述，時代的重點則集中在北朝，藉以承續從漢代以來祠祀發展的脈絡。

　　關於特性的掌握只是一種抽象的、概括性的論述，它可說是祠祀信仰共通的一種性格傾向，但是各時代之祠祀的興廢必有其特定時空的政治與社會因素，歷史研究的工作之一就是要能掌握這種時代的特殊性。本章也將五胡

〔註1〕　關於所謂完備意義上的宗教，本書係參考湯一介的說法，他認為不僅是有對神靈的崇拜，而且應有一套教義的理論體系與較為固定的教會組織、教規教儀以及傳授的歷史。湯先生即以此來檢驗東漢末年至魏晉南北朝間道教的產生與形成。參見湯一介，《魏晉南北朝時期的道教》（臺北：東大圖書公司，1991年），頁1～18。
〔註2〕　參蒲慕州，《追尋一己之福：中國古代的信仰世界》，頁197。

時期至隋代的祠祀信仰撮要列敘，藉以呈現討論主題的背景架構，唯限於資料記載的來源與性質，大多以官方的祠祀爲主。至於民間祠祀信仰的部分則分散於各章中，讀者循章檢要，或能窺其一斑。

第一節　祠祀信仰的構成要素

在祠祀信仰的內容中，神祇體系、祭祀場所、祭祀儀式（包括祭品性質）、神職人員與信眾等，均是構成祠祀整體的基本要素。「祠」字可以當作動詞，指祭祀的動作；也可以作名詞，指祭祀的場所，如祠廟。「祀」字同樣可以兼作動詞與名詞，當動詞時亦指祭祀的動作，當名詞時，則可與其它字結合，如祭祀、神祀，用來指稱這種祭祀活動的整體。因此，本書採取結合「祠」與「祀」作爲這種信仰較周延的名稱。

祠祀信仰的實質頗可用兩個字加以概括，那就是「祈願」，「祈」就是祈求，是一個動作，也是一種儀式（包括獻牲與舞樂等）；「願」就是願望，是一種心理的向度，也是一種人類欲求與社會價值觀的呈現。蒲慕州認爲中國古代宗教信仰中最根本而持久的目標，是如何得到個人和家族的福祉，甚至使個人能接觸或控制超自然的力量〔註3〕，在理念上，也可以適用到祠祀信仰的部分。簡而言之，祠祀信仰是人基於現實或心理的需求，透過某些儀式對超自然或人外世界祈求遂願，當然，在這些活動的背後尚有一套人與神鬼互動共存的宇宙觀。

中國古代的祭祀因對象、時節、功能與大小等的不同，而有多種不同的名稱，祭祀場所、祭祀方式與祭品等也因之相異。關於祭祀的對象，主要是散布於天地間的神祇，若依《周禮》〈春官‧大宗伯〉中的分類，這些神祇約可歸納爲三類，即天神、人鬼與地示（祇），其文曰：

> 大宗伯之職，掌建邦之天神人鬼地示之禮，以佐王建保邦國。以吉禮事邦國之鬼神示以禋祀祀昊天上帝，以實柴祀日月星辰，以槱燎祀司中司命飆師雨師。以血祭祭社稷五祀五嶽，以貍沈祭山林川澤，以疈辜祭四方百物。以肆獻祼享先王，以饋食享先王，以祠春享先王，以禴夏享先王，以嘗秋享先王，以烝冬享先王。〔註4〕

〔註3〕蒲慕州，《追尋一己之福：中國古代的信仰世界》，頁16。
〔註4〕鄭玄注，賈公彥疏，《十三經注疏（五）‧周禮》，卷十八（臺北：藝文印書館，

在引文中，我們可以看到，天神中有一至高神──昊天上帝，其餘受祀者皆為自然天象的神格化，如日、月、星、辰、風師與雨師等，祭儀則有禋祀、實柴、槱燎等方式，主要藉由焚柴燎煙作為溝通天神的手法，顯示出祭祀者對天神有冥冥在上的想法。焚柴之地多作有「壇」，如《禮記》〈祭法〉說：「燔柴於泰壇，祭天也。」〔註5〕後世的祭天之儀多設於都城南郊，設有圜丘以為祭場，因而南郊或圜丘也成為祭天的一種代稱。

其次，地祇中以社稷為主神，其餘神祇多為土地上的生成物，是為山林川澤與四方百物，五嶽與五祀乃是山川百物中尤為尊貴者，從這點也顯示出神祇間的封建性格。此處所舉地祇的祭法有三種──血祭、貍沈與疈辜，乃是針對不同性質的地祇而進行。血祭是以血滴於地而祭，貍沈是謂以牲與玉幣埋於地、沉於水而祭，疈為牲胸，疈辜是說用牲而劈胸析體來祭祀〔註6〕。血祭與貍沈均具有直接與土地接觸的特點，是以土地為神的居所，亦以土地為祭場。對四方百物的祭祀則採饗食的觀點，獻祭動物犧牲以供百物之神享用。總之，地祇的祭儀、祭場與祭品等較天神的祭祀更為多樣且複雜。

再者，古人認為人死之後有靈魂的存在，這種亡靈具有致福為祟的能力，因此也成為祭祀的對象。此處「人鬼」係專指祖先而言，特別是天子、帝王的祖先，故稱為「先王」，這點與周代封建制度下的祭祀形態有關。在周代，一國即一宗一族的異稱，一國之君即一宗族的宗子〔註7〕，在封建與血緣的關係下，周代的祭祀遂帶有孝道倫理與身分的意義，祭祀也成為一種權力與階層地位的表徵，如天子有七廟，士人一廟，庶人無廟，只能祭於寢。封建制度崩潰之後，至漢代，一般人民祭祀祖先的祠堂也出現了，身分層級的分別不再那麼明顯，但祭祀權所展現的身分與地位的象徵，仍為當時社會所認可，其中最明顯的即為皇室的宗廟祭祀，並有繁複的禮法規範。〔註8〕

1955 年），頁 270～274。

〔註5〕 孫希旦，《禮記集解》，〈祭法〉，頁 1194。

〔註6〕 參林尹，《周禮今註今譯》，卷五〈春官‧宗伯第三〉（臺北：臺灣商務印書館，1992 年），頁 194。

〔註7〕 錢穆，《秦漢史》（臺北：東大圖書公司，1985 年），頁 1～2。

〔註8〕 如魏文帝黃初二年（221）時，「以洛京宗廟未成，乃祠武帝於建始殿，親執饋奠，如家人禮。」曹丕以帝王之尊卻行庶人無廟而祭於寢的作法，至唐人修纂《晉書》時仍據禮而非議：「案禮將營宮室，宗廟為先，庶人無廟，故祭於寢，帝者行之，非禮甚矣。」見《晉書》，卷十九〈禮志〉，頁 601。

　　必須注意的是，上述《周禮》〈春官・大宗伯〉中的天神、地祇與人鬼三種神祇體系，可能是周、秦之際儒家對於當時祭祀活動與神祇的一種整理，他們把這類活動歸為五禮（吉、凶、軍、賓、嘉）中的吉禮，依四時節序，與帝王政令的推行相互配合，它也許只是儒家「祭政合一」的理想典型。不過，漢代以後，這種天神、地祇與人鬼的祭祀體系大致為官方祠祀所承接，但也並非一成不變，除了官方自行舉廢的祭祀外，也不斷地有民間祠祀產生的新神祇進入官方的祠祀體系。較顯著的例子如高禖、靈星與雩（高禖與雩詳見下文第四章第二節），下面就以靈星的演變作為例子來說明。

　　關於靈星祠的演變，北魏宣武帝時（500～515）太常卿劉芳曾上書論祠壇位置的問題，他說：「靈星本非禮事，兆自漢初，專為祈田，恒隸郡縣。」又引《晉祠令》的「郡、縣、國祠稷、社、先農，縣又祠靈星」來證明靈星的祭祀應屬地方祭祀的範疇，因為當時的靈星係由太常祭祀〔註9〕。據劉芳的說法，靈星是專為「祈田」的祠祀對象，本非禮事中的神祇，漢代初設，只隸於郡縣〔註10〕。東晉元帝以後，靈星由郡縣祠祀躍為太常祠祀，配饗於南郊而不另外設壇，北齊的靈星祠祀亦是配饗於南郊祭天之禮，是否受此影響，值得考慮〔註11〕。北魏的靈星祠祀雖由太常祠官祭祀，但為獨立的祠壇，祭祀自有定日（立秋時分），隋開皇初於國城東南七里延興門外設有靈星壇，也是在立秋後辰由祠官祭祀〔註12〕。若再檢照梁代的靈星祠制：「每以仲春仲秋，并令郡國縣祠社稷。先農，縣又兼祀靈星、風伯、雨師之屬」〔註13〕，可知，梁制是合於漢代與《晉祠令》中郡國祀靈星的舊制。因此，我們可以推論隋代的靈星祠祀係傳承自北魏的禮制。靈星原只是民間信仰的神祇，自漢高祖立祀之後，發展至隋代已成為官方祠禮中的一環，這是統治者重視農事祠祀的反映，也是民間祠祀影響官方祠祀的一個顯著的例子。至於靈星作為龍星或雨星的性質以及其它相關的研究，可以參見日本學者田村專之助的

〔註9〕　《魏書》，卷五十五〈劉芳傳〉，頁1223～1225。
〔註10〕王利器據《史記・封禪書》〈正義〉所引《漢舊儀》與《毛詩》〈絲衣序〉，認為漢高祖係修復周代舊祠，靈星的祠祀於周代已經有之，駁斥了劉芳的說法。他的說法固然可以參考，但仍不妨於本書所論靈星祠自漢初以來作為地方祠祀的性格。參王利器注，《風俗通義校注》，卷八〈祀典・靈星〉（臺北：漢京文化事業公司，1983年），頁358～360。
〔註11〕《隋書》，卷六〈禮儀志〉，頁114。
〔註12〕《隋書》，卷七〈禮儀志〉，頁143。
〔註13〕《隋書》，卷七〈禮儀志〉，頁141。

〈靈星について〉一文〔註14〕，在此不多贅述。

　　上文主要是以祭祀的對象為中心，談及神祇體系與祭祀儀式，至於山川祭祀的祭場與人鬼祭祀的宗廟也略有提及，這裡想對祭場的部分作點補充說明。如前所述，祭天有壇或圜丘，祭地則以土地、山川為祭場，祭人鬼則有宗廟，除了宗廟是屬於屋宇性的建築外，其它祭場應多屬露天者，這個現象可能反映出當時人認為天地神祇是化身在自然之中，沒有固定的形象，也未必有固定的居所。但在祠祀的發展過程中，天神與地祇均有神性人格化的傾向，如昊天上帝、風伯與雨師等稱呼的出現，而這種神性人格化也促成祭場朝向祠廟化發展。如山神、水神與四方百物之神均有祠廟的建立，至北魏時在桑乾河南岸設立五岳四瀆廟，就所祀神祇與設置地點而言，又較一般的山、水神廟更加脫離神性所依附的自然物，成為一種總合山川之神且超越地理現實的祠廟。

　　祠祀所在的屋宇一般稱為祠廟或祠堂，北朝時，這兩種稱呼中以祠堂較為普遍，但祠堂一詞的使用是沿自漢代以來，通常指稱祭祀人鬼的祠宇，這種祠堂又可分成兩類，一是墓所附近所設的祭祀用祠堂〔註15〕，一種則是地方鄉民為聖賢或名宦鄉賢所設立的紀念性祠堂。不過，祠堂也可被用以指稱其它類的祠宇，如山神、水神以及各種神物崇拜的神祠。除了這種複合詞的稱呼外，北朝時較常出現的祠名則多只取一字，最常用的是「祠」字，如西門豹祠、伏羲祠等，另外，「神」、「廟」兩個字也常用，如燕趙神、太公廟，但次數不及「祠」來得多。清人全祖望即因《魏書》〈地形志〉中多所祠廟均直作「神」字，而懷疑北人竟以「神」字當「祠」字。周一良則更進而連結「祀」字，認為「祠、神、祀」三者在語意上有共通之處〔註16〕。除了他所舉的山祀與神祀這種泛稱外，其實也有作為專稱的，如《高僧傳》載，後趙

〔註14〕田村專之助，〈靈星について〉，《東洋史會紀要》（三）（東京：東洋史會，1938年）。

〔註15〕據馮爾康研究，祠堂始見於戰國時代，兩漢時期多為墓祠，上至天子，下至官民，皆有造作，蔚為風氣，《鹽鐵論》以古禮「庶人祭於寢」，不應僭禮立祠而加以指斥。至晉代，政府更下令：「諸葬者，皆不得立祠堂、石碑、石表、石獸。」魏晉至隋唐的墓祠遂告中衰。宋代以後，因朱熹倡議建立小宗法，漸致產生「家祠堂」，元代以後則出現祭祀群祖的祠堂。這是從墓所祠堂至宗族祠堂演變的大概。參氏著，《中國古代的宗族與祠堂》（北京：商務印書館，1996年），頁59～62。

〔註16〕周一良，《魏晉南北朝史札記》（北京：中華書局，1985年），頁390。

時，襄國城西北五里處有「團丸祀」。〔註17〕

在祠廟之稱外尚有「社」與「畤」，這兩種形態的祭場起源很早，二者均屬祭壇的形式，據學者研究，「社」與「畤」應屬同物而異稱，前者行用於燕、齊、宋、楚等關東地區，後者則爲關中秦雍之地的稱法〔註18〕。畤至漢後無傳，社則在漢時因以里爲立社的單位，稱爲「里社」，逐漸成爲平民信仰的基本單位〔註19〕。但「社」較屬專稱的用法，一般都是指祭祀土地神與穀神的祠宇，常合稱爲社稷。又，從劉向《列仙傳》中，我們亦發現仙室與石室均有祠祀的活動，例如仇生石室與彭祖仙室，可見石室與仙室也是祠祀場所的一種，《水經注》中也可看到孔子廟堂、子夏廟室與司馬子長廟被稱爲石室的例子〔註20〕，它們可能是因爲祠宇的形制與興建的地點而得名，如《水經注》〈河水〉：

> 河水又南，逕子夏石室東，南北有二石室，臨側河崖，即子夏廟室也。〔註21〕

值得注意的是，孔子石室中尚有孔子像，這種石室形制的孔廟是相當少見的。不過，大致而言，石室與仙室的適用對象較有特殊的傾向，一般是以方士、神仙爲主，葛洪《神仙傳》中即有數條仙人活動於石室的記載，如廣成子居於崆峒山石室、張道陵於萬山石室中得隱書秘文及制命山嶽眾神之術〔註22〕。從上述各字詞的語義考察，可以大致歸納出，祠祀信仰的祭祀屋宇主要稱之爲祠、廟、神、祀、社、石室與仙室等。

神祇體系與祭祀屋宇已如上述，那麼，祠宇中的神祇是以何種方式存在呢？從天神與地祇的祭祀方式來看，神祇是化身於自然之中不可見的，而祭

〔註17〕《高僧傳》，卷九〈神異上・佛圖澄〉，頁 384-1。收入《大正新修大藏經》，第五十卷，史傳部二。

〔註18〕凌純聲，〈秦漢時代之畤〉，《中央研究院民族學研究所集刊》第十八期，1964年，頁113～115。

〔註19〕洪德先，〈俎豆馨香——歷代的祭祀〉，《中國文化新論（宗教禮俗篇）・敬天與親人》，頁379～388。

〔註20〕《水經注》，卷四〈河水〉（臺北：世界書局，1988年），頁42；卷二十六〈巨洋水〉，頁337。

〔註21〕《水經注》，卷四〈河水〉，頁42。

〔註22〕不過，《神仙傳》中的石室多爲神仙的居處或活動場所，未見有以石室爲祠所的現象。其它石室尚有金華石室、嵩高山石室、大愚石室。葛洪，《神仙傳》（上海：上海古籍出版社，1995年），欽定四庫全書版，頁5、10、29、47、57。

祀人鬼時，爲了有具體形象可以依憑，遂發展出「尸」〔註23〕與「木主」，而從秦文公在陳倉北阪城祭祀化爲石的陳寶〔註24〕，到漢代張良取穀城山下黃石而寶祠之，作爲下邳圯上老人（黃石公）的化身〔註25〕，均以實物爲神祇的化身，未見表形的神像，此時期可能尚未有畫像與塑（雕）像出現。至西漢哀帝時，仍可見以石爲神祀對象的例子，如《漢書》〈宣元六王傳‧東平思王劉宇〉載：

> 哀帝時，無鹽危山土自起覆草，如馳道狀，又瓠山石轉立。〔煬王〕
> 雲及后謁自之石所祭，治石象瓠山立石，束倍草，并祠之。〔註26〕

以土石異象而疑爲有神，並治石來擬象轉立的瓠山石，除了可以得知當時可能有神明附寓於石的觀念，對於「治石」的這項行爲，或許也可以視爲一種早期的「神像」造作。以人形作爲神祇模樣的偶像，至晚在東漢時已經出現，且這種人形神像不只適用於人鬼，而是連前述的天神、地祇也包括進去。據《風俗通義》載：

> 周禮以爲檽燎，祀司中、司命，文昌上六星也。檽者，積薪燔柴也。
> 今民猶祠司命耳，刻木長尺二寸爲人像，行者署篋中，居者別作小
> 居。〔註27〕

司命本是天上六星之一，它的神像被賦予人的造形，形制爲木刻，可以攜帶外行，也可以在家中別作小祠屋祭祀。至於祭祀人鬼的宗廟或祠堂的神像，其源起於何時尚難以斷定，但可確知主要有畫像與塑（雕）像兩種。《三國志‧吳書》〈陸遜傳〉中提及陸氏祠堂像贊〔註28〕，可以確知此時祠堂已有神像。《北齊書》〈酷吏傳‧宋遊道〉載兗州人爲宋遊道生立祠堂，像題曰「忠清君」〔註29〕，但無法告知我們神像的屬性。不過，從下一條資料中，我們可以推測塑（雕）像和畫像兩種神像並存的可能性。《魏書》〈奚康生傳〉載：

> 〔奚康生〕出爲撫軍將軍、相州刺史。在州，以天旱令人鞭石虎畫

〔註23〕關於祭尸的風俗，可以參見狩野直喜，〈支那古代祭尸の風俗に就きて〉，《支那學文藪》（京都：弘文堂書房，1927年），頁94～128。

〔註24〕《漢書》，卷二十五〈郊祀志〉，頁1195。

〔註25〕《漢書》，卷四十〈張陳王周傳‧張良〉，頁2038。

〔註26〕《漢書》，卷八十〈宣元六王傳‧東平思王劉宇〉，頁3325。

〔註27〕應劭撰，王利器注，《風俗通義校注》，卷八〈祀典〉，頁384。

〔註28〕《三國志‧吳書》，卷五十八〈陸遜傳〉，頁1343。

〔註29〕《北齊書》，卷四十七〈酷吏傳‧宋遊道〉，頁655。

像；復就西門豹祠祈雨，不獲，令吏取豹舌。〔註30〕

人鬼祠堂具有祈雨的功能（詳見下文），因此石虎畫像應是祠堂中的設置；至於西門豹神像的性質雖然未有明言，但奚康生既能遣吏取走神像的舌頭，應該就是奉祀於西門豹祠中的塑（雕）像。此外，地祇中的山神在北朝之時也已經以石像的樣式存在，《隋書》〈五行志〉即說：「開皇十四年，將祠泰山，令使者致石像神祠之所。」〔註31〕如此看來，祠祀信仰的神像乃是由無形的自然之神或人鬼，漸進演變以實物作爲象徵性的神祇，而後又逐漸以人形擬造神像，具有畫像與塑（雕）像兩種樣式。祠祀信仰的神像在建造規模與藝術造型上，似乎無法與佛、道教的神像相媲美，因此，流傳至今的北朝造像幾乎多爲佛、道教的神像。

祠祀信仰未能像佛教、道教一樣具有較完備的宗教規模，它沒有固定的教團組織，也沒有豐贍可傳的教義經典，官方祠祀雖有專職官員與祀典用來推動祠祀事務，但它的服務對象是國家或皇室，是一種禮制化的祠祀行爲。至於分散在各地的祠廟、神祠大都只具地方性，沒有連成一氣的管理組織，更別說是固定的教團成員。所謂教團成員乃是指類似佛教的僧尼與道教的道士，祠祀信仰中可稱作神職人員的大概只有巫覡，其它的參與者只能稱是信徒。巫覡是溝通人神的媒介，他們也具有許多神能，有些巫者死後也成爲人們拜求的對象，也有巫者兼具數術，能占夢、招喚亡魂、爲人治病，或替人相卜，預言未來〔註32〕。不過，既然沒有統一的教團，分散在各地神祠的巫覡應也只是單一的個體。況且，並非每一所神祠都有巫覡的存在，地方官推行儒教政化時，巫覡也往往成爲被打壓的對象。

以上主要是從祠祀信仰的幾項基本要素著眼，在敘述中我也提到它們動態的發展，亦即這些內容並非一成不變的，而常隨著環境變遷與人民信仰的需求而改變。在這點上，民間祠祀的變化通常較官方祠祀來得快，官方祠祀有種循禮復古的正統觀，因此，較諸民間祠祀便顯得保守而僵化，但民間祠祀的發展內容亦有漸進而影響官方祠祀的情形。

〔註30〕 《魏書》，卷七十三〈奚康生傳〉，頁 1631～1632。
〔註31〕 《隋書》，卷二十二〈五行志〉，頁 621。
〔註32〕 宮川尚志，〈六朝時代の巫俗〉，《六朝史研究（宗教篇）》，頁 350～356。林富士綜結漢代巫者的職事，共有八項：交通鬼神、解除災禍、治療疾病、參與戰爭、防禦水旱、祝詛害人、左右生育與料理喪葬。參見《漢代的巫者》，頁 49～86。

第二節　祠祀信仰的特性

上節主要是從祠祀活動的構成要件進行論述，顯然，這種物件式的說明尚未能將祠祀信仰的精神面加以呈現。這裡所說的精神面是指祠祀信仰的性格傾向，它是足以影響祠祀信仰發展的重要特性，因此，在陳述祠祀信仰的發展史與深入探究祠祀信仰之前，實有必要對這些特性作些說明。

祠祀信仰的特性可以分為兩個範疇來談，一是官方祠祀，一是民間祠祀〔註33〕。因為官、民祠祀間有著相當程度的差距，官方從統治的立場出發，以禮制為中心建構出一套有系統的祭祀體系，並將這種體系延伸到民間祠祀的管制上。因此，官方祠祀除了祭祀的原始意義外，可以說也是一種統治的工具與規範。在官方的祠祀體系下，民間祠祀是被管制的，大致居於被動的地位；但在整體的祠祀信仰中，民間祠祀具有源源不斷的創造力，與廣大的群眾的生活相結合，遠較官方祠祀更為活潑而多變。因此，在某些方面，民間祠祀對社會、經濟的影響力更甚於官方祠祀，甚至當它與反體制勢力結合時，對政權的穩定也造成威脅。

概言之，就某種程度來說，官方祠祀是將民間祠祀納入管轄之中，以禮制為原則來導引民間祠祀；民間祠祀則有自生自發的體系，往往脫逸於官方祠祀的限制，創造出新的祠祀內容。因此，下文對於祠祀信仰之特性的論述，便分成這兩個範疇來進行。

一、官方祠祀的特性

在開始進入官方祠祀之特性的論述前，首先必須說明的是，官方祠祀的整體運作應該是兼具制度、思想、參與者及具體活動始告周全，此處以「官方祠祀」作為考察的對象，即是將整個祠祀活動、禮制、禮學思想、天人的宇宙觀，以及參與者（包括皇帝與士大夫階層）統而稱之。官方祠祀的特性大致可歸納為以下三點：（一）天人感應的祭祀觀；（二）政教合一的體制；（三）復古保守，內部具有自我糾舉的機制。以下即分別為之論述。

〔註33〕關於官方祭祀與民間信仰的分際，蒲慕州在《追尋一己之福：中國古代的信仰世界》中闢有專節加以討論，他指出官、民祠祀間有一些糾結，表現在崇拜者身份的重疊以及兩者崇拜對象的重疊（頁136～139）。本書並非無視這些糾結現象的存在，而是在討論兩者的特性時，採取分立個體的做法，以比較的方式凸顯雙方的特點。

　　天人感應的思想至西漢董仲舒而集其大成〔註34〕，發展出一套結合儒家
仁政與陰陽五行思想的天人感應說，這套神學理論具有鞏固王朝統治的作
用，卻也假藉天的意志，對統治者與君權產生警戒與督促的效果〔註35〕。事
實上，以天降災異而引咎自責的例子，在商湯時已有之，東漢時也曾有數起
地方官為求降雨而焚身禱祈的案例〔註36〕，這種行為基本上是認為天與人之
間是可以靠祝祭禱告的方式而相互感通的。漢代以下，若遇到天災人禍，皇
帝時常下罪己詔以為因應，或齋戒、避寢、審冤獄、理刑政，以修德補過的
作為祈能辟除災禍。天人感應的經學思想雖在東漢以後已頗蛻去權威，但是
它為君主所提供的應對災禍的方略，在北朝時仍被北魏與北周的君主所奉
行，其影響力可見一斑（詳見下節）。除了修德避禍，有些君主也採取禱祭的
方式，最常見的是久旱不雨時，君主親行祭祀求雨，或派遣使者前往名山大
川祈雨。姑且不論施行的實效如何，修德與禱祈皆為統治者提供面臨天災人
禍時的因應之道。

　　其次，儒家政治思想中具有政教合一的觀念，官方祠祀在這種觀念中即
扮演一種教化的角色，這是一種上對下的統治模式。統治者以壟斷天地祭祀
權的手法確立其高高在上的地位，並從禮制的角度訂定一套祭祀的規範，稱
之為祀典。祀典對官方與民間祠祀都有規範的作用，依據祀典而合禮的祭祀
是為「正祀」，未列入祀典或祭祀不合於禮者稱為「淫祀」。「淫祀」的觀念最
早見於《禮記》，後代論禮俗者多所引用，或加以發揮，詳細的討論見本書第
三章。辨別正、淫並禁除淫祀是歷代統治者常行的工作之一，它也被視為「為
治之道」的項目之一，如《漢書》中已將「禁淫祀」與班教化、放鄭聲並提
〔註37〕。至北魏更有人進一步將「禁淫祀」納入為治之要的項目中。《魏書》
〈恩倖傳・王叡〉：

　　　　臣聞為治之要，其略有五：「一者慎刑罰，⋯⋯五者行黜陟。⋯⋯哀

〔註34〕 關於董仲舒天的哲學、天與政治的思想，可以參見徐復觀，〈先秦儒家思想發
　　　　 展中的轉折及天的哲學大系統的建立〉，《兩漢思想史》，卷二（臺北：學生書
　　　　 局，1993 年），頁 370～438。
〔註35〕 馮佐哲、李富華著，《中國民間宗教史》，第二節〈從董仲舒的天人感應到讖
　　　　 緯迷信〉，頁 109～112。
〔註36〕 東漢地方官自焚求雨的例子有戴封與諒輔（《後漢書》，卷八十一〈獨行傳〉，
　　　　 頁 2684、2694）。這些人也可算是知識分子，但具有方術之士的色彩。參見蒲
　　　　 慕州，《追尋一己之福：中國古代的信仰世界》，頁 256～257。
〔註37〕 《漢書》，卷十二〈平帝紀〉，頁 351。

恤孤獨，賑施困窮……薄賦斂，修福業，禁淫祀。」〔註38〕

不過，王叡上書是以皇帝（時爲北魏孝文帝）爲對象，他的施政理念是著眼於中央政令的施行。事實上，地方官吏禁淫祀、布教化的例子於歷代屢有所見，那麼，從中央到地方，禁淫祀的政策是有其一貫性的，也顯示出政與教一體並行的特性。當然，若細究其著眼點，高階的統治者（以皇帝爲代表）所關心的可能是「淫祀」對於政治與社會安定的威脅，地方官吏則著眼於「淫祀」所導致的風俗、經濟、民眾心理等方面的偏差行爲。

再者，官方祠祀以禮爲依歸，而所謂的「禮」往往因經學解釋的差異而造成爭議性。如漢成帝至平帝三十餘年間，祠天地的南北郊經歷五次的遷徙，正說明了官方宗教祭祀活動缺乏穩定的理論基礎〔註39〕，當時的經學背景正是今、古文經之爭的時代。除了爭議外，以禮學作爲框架的官方祠祀也導致了「復古守舊」的傾向，朝士議禮往往引經據典，要求合於古禮，缺少創新求變的精神。在這種保守性格下，其它宗教的祠祀文化也不易侵入，例如北魏太武帝以後，登壇受道教符籙雖一度成爲北魏新君登基所必行的儀式，但終究只實施一段時間，後代無聞。又如北魏佛教對官方祠祀的影響最明顯表現在皇帝因崇信佛教，迷於佛事而荒怠郊廟祭祀，也談不上是有關內容的實質面影響。然而，也許正是循古求正的議禮傳統所提供的自我糾舉的機制，一般而言，除了少數帝王的個人因素〔註40〕，官方祠祀皆較民間祠祀更有節度，所代表的是一種崇德報功的禮儀。

二、民間祠祀的特性

作爲祠祀信仰的原生地，民間的祠祀活動顯得活潑而多樣化，它們的存在對於官方的宗教活動也具有補償性的功能。蒲慕州即明白指出，在漢代的官方宗教系統主要關注的是天人和諧與國家的福祉，至於人死之後的去處問題則未得到解決。事實上，民間宗教是基於人們生活上、心理上的需求而產生的，因此，在滿足人們需求的問題上便具有較爲周延的解決之道，其中不乏爲因應時代變化而產生新的內容，例如戰國末期逐漸盛行的神仙方術，主要即是爲要滿足人們不死昇仙的需求〔註41〕。從這種因應需求而新生內容的

〔註38〕《魏書》，卷九十二〈恩倖傳・王叡〉，頁1989～1990。
〔註39〕蒲慕州，《追尋一己之福：中國古代的信仰世界》，頁132。
〔註40〕蒲慕州，《追尋一己之福：中國古代的信仰世界》，頁125～132。
〔註41〕戰國末年，一種類似仙人的概念已經存在於人們的意識中。關於神仙思想與

現象，我想進一步談談在民間祠祀發展中的若干特性，略分爲以下數點分別論述。

首先，民間祠祀的發展多以祠廟爲中心。前文已述及在祭祀對象（神祇）與祭場的發展中，對於所祭祀的神祇有擬人格化的趨向，原本不可見的天地神祇，逐漸被賦予人的形象，部分原本以壇、山、川爲祭場的祠祀也轉而興建祠宇，屋宇型的祠廟成爲祭場中的最普遍的型式。這些祠廟散布於各個城鄉之中與各地的山、川，爲人們祭祀所依憑的主要對象。以祠廟爲據點，許多宗教交流的活動也在此產生，例如若干祠廟有巫覡的活動，他們可能是依附於祠廟的巫者，故亦稱廟巫。不過，並非每種祠廟都有巫者的活動，巫者的活動也不盡然與祠廟有關聯。其次，佛教僧侶對於祠祀信仰的改造也多發生於祠廟祭祀或廟會活動，乃至於將祠廟改建爲寺院。又，早期的仙人被視爲與一般「神明」相類的神祇，人們亦建有祠宇加以奉祀，如漢代的許多仙人祠〔註 42〕。這些都是以祠廟爲中心所發展出來的祠祀現象，從中我們也可以看到佛、道教與祠祀信仰間互動時所顯現的差異性。由於祠廟是祠祀信仰中重要的根據地，爲能更加深入掌握祠廟的多種面向，下文將另闢專章加以論述。

其次，相較於官方祠祀的禮制化與議禮傳統的理性化，民間祠祀則顯示出無節制性與非理性的傾向。所謂的無節制性主要表現在祭牲的大量耗費，這情形的背後當然存在許多的因素，如地方長老與巫者的利益掛勾、利用民眾恐懼或虛榮的心理，相競較於獻牲的規模與數量，以從中哄抬物價，謀取暴利。非理性化的例子則可能是因循舊習，或聽從巫者所假傳的神諭，在恐懼心理下不斷地奉牲祭祀，乃至有以活人、子女獻祭者。此外，祠廟數的大量增加（如東漢末年青、徐二州的城陽景王祠），以及各種怪異之神祇的產生，如空桑生李樹而人疑爲有神，因祭酒肉以爲療疾〔註 43〕，亦均是在這兩種傾向下所派生的現象。這些民間祠祀活動往往造成地方民心不穩、經濟窮困，對地方統治的威權形成挑戰，地方官吏對這些祠祀常加以禁斷。

不過，民間祠祀不盡然都是非理性的崇拜、祭祀活動，許多對於聖賢人鬼的崇拜即頗類似官方祠祀所呈現的「崇德」之意。人鬼崇拜的思想起源甚

靈魂觀念的討論，參見蒲慕州，《追尋一己之福：中國古代的信仰世界》，頁 196～207。

〔註 42〕 蒲慕州，《追尋一己之福：中國古代的信仰世界》，頁 203～204。
〔註 43〕 《搜神記》，卷五〈張助〉，頁 65～66。

早，《禮記》〈祭法〉中已有清晰可循的入祀條目：

> 夫聖王之制祭祀也，法施於民則祀之，以死勤事則祀之，以勞定國
> 則祀之，能禦大菑則祀之，能捍大患則祀之。〔註44〕

這五條入祀的條件可以歸結為一項，即有功於國家、生民者則加以祭祀，這
種祭祀與山、川之神能致雨者同樣列於官方祀典之中。這項觀念對後世具有
深遠的影響，許多宣告為賢者立祀的詔書中，往往將這些想法概括地承受。
如北魏孝文帝太和十六年（492）二月丁酉詔：

> 夫崇聖祀德，遠代之通典，……且法施於民，祀有明典，立功垂惠，
> 祭有恆武。斯乃異代同途，奕世共軌。今遠遵明令，憲章舊則，比
> 於祀令，已為決之。〔註45〕

不過，這種立祀資格很明顯是從官方的角度來認定的，官方設立的祠廟未必
會遭人民的反對（至少在目前的史料中未見到），但民間卻可能為那些不為官
方所認定的人物立祠祭祀。在雙方立場差異的情形下，有些祠廟遭到統治者
的禁斷，或者採取規範性的限制手段；有些則在統治者的沉默下逐漸地擴大
祭祀的區域。這些爭議性的人鬼祠廟在某些方面表現了當時人民的政治批
判，抗議當朝政權的不義，亦以憐憫遭到冤誣的受害者，較諸其它山川神、
神物的崇拜多了一層時代的意義性。

　　此外，民間祠祀不像官方祠祀有強烈的禮學傳統與禮制束縛，因此，在
它的發展過程中，也較容易受到其它宗教的影響，例如佛教的戒殺。在東漢
時，佛教初傳，為適應中國民眾的信仰心理與型態，佛教蒙上了一層神道的
色彩。至魏晉南北朝時，佛教已經成為獨立且多方推廣教義的宗教，對於若
干民間祠祀則改採積極的改造手段，除了一般的祠祀外，對於祖先的崇拜
也產生影響。民間祠祀在許多方面的確受到了佛教的影響，但這點也許應分
成兩個方面來談，一是佛教成分的祠祀化，一是祠祀的佛教化。前者譬如佛
教神祇（包括佛陀、菩薩等）或神僧，也逐漸被納入祭祀的體系中，成為
新的祭祀對象；後者則如祭祀之用牲改革為素的變化，又如佛教的閻羅地獄
思想，逐漸凌駕於泰山掌鬼的觀念，成為一種相當普遍的死後世界觀。這些
變代雖不盡然發生、完成於魏晉南北朝，卻是可以在這個時期追索其源頭
或過程。

〔註44〕孫希旦，《禮記集解》，卷四十五〈祭法〉，頁1204。
〔註45〕《魏書》，卷一○八〈禮志〉，頁2750。

祠祀特性的形成與發展，有些是它自身的特質的傾向，有些則是由環境因素造成。當我們對於祠祀的若干特性有初步的認識後，在下面的討論中，我們將可以有較爲具體的概念，用來觀察這些特性在政治與社會生活中運作所激發的現象與產生的影響。

第三節　北朝官方祠祀史略

官方祠祀屬於禮制的一環，但除了上述的部分內容，它尤著重在禮儀與制度等規範性的層面。官方祠祀一方面是統治者權力的展現，同時也是它應對天災異象的一種手段，因此，從官方祠祀的發展，我們也可以看到一個時代的面向。由於民間祠祀信仰缺乏較有系統的記述，收錄於正史中的事跡又往往與統治者或地方官吏的施政相關聯，因此，整理出較有系統之官方祠祀的發展歷程，對於進而瞭解民間祠祀信仰，乃至該時代祠祀信仰的全貌，實是一項基礎且必要的工作。

西漢元帝時，採匡衡、貢禹等人的主張，罷廢郡國廟，至成帝時，又改郊祀甘泉泰畤與河東后土的禮制爲長安南北郊，後來雖因元帝寢疾、成帝無後嗣，或罷或復〔註46〕，但東漢以後，以都城爲中心的南北郊祀之禮遂爲定制。西漢的郊祀改革中潛藏著今、古文經派的較勁，至魏晉南北朝時，今、古文之爭衰歇，鄭玄與王肅兩派的主張多被折衷採用。代之而起的時代課題是，偏離中原的南方王朝，如何建立新的祠祀體制？北方入主中原的胡族政權，如何運用祠祀體制穩固自己立國的基礎？陳寅恪在論述隋唐制度的淵源時，曾揭舉出三源：（一）北魏‧北齊；（二）梁‧陳；（三）西魏‧北周。其中「北魏‧北齊」的內涵是包括東晉南朝前期與保留於涼州的中原舊文化〔註47〕。由是觀之，北朝官方祠祀的發展也是在這文化脈絡中進行的。茲依時代斷限，共分爲五胡、北魏、北周與北齊、隋朝等四個時期，分別論述如下。

一、五胡時期

西晉永嘉之後，北方陷入胡族政權分立的局面，在拓跋魏崛起前，僅有前秦苻堅曾短暫統一過北方。諸胡雖多招募漢士籌謀畫策，然在戰事頻仍、

〔註46〕參見《漢書》，卷二十五〈郊祀志〉，頁 1253～1258。
〔註47〕陳寅恪，《隋唐制度淵源略論稿》（臺北：里仁書局，1994 年），頁 1～2。

政權更迭的情況下，其局促一隅的興立並未發生太大的影響。五胡中，祠祀禮制較完備的當屬後趙與前秦，後趙在石勒時已行南郊，又建明堂、社稷與宗廟，郡縣更立能興雲致雨的祠堂，頗似山川祭祀。至石季龍時，又有五郊、飲禮、藉田與先蠶等祀禮。有關五胡時期各政權的祠祀概況可以參見附錄一所列。值得一提的是，石勒曾「禁州郡諸祠堂非正典者皆除之」〔註48〕，顯見在石勒治下，可能已有祀典的存在。前秦苻堅曾暫時統一北方，其人「博學多才藝，有經濟之大志」，「修廢職、繼絕世、禮神祇、課農桑、立學校」〔註49〕，因此他的禮制具有相當規模，計有南北郊、明堂、宗廟、社稷、河嶽、藉田、飲禮與祭孔等，是五胡諸國中最爲完備者。五胡時期值得注意的現象是，西晉永興元年（304）劉淵稱帝係以漢的後裔爲號召，並立漢高祖以下三祖五宗神主，其用意在於紹繼正統，以明自己帝位的合法性。此後，南郊之禮普被諸胡稱帝者所運用，如前趙劉曜、後趙石勒與石季龍、前秦苻堅、南燕慕容德與慕容超等，諸胡入據中原，其稱帝形式頗採中原樣式，即便劉淵以漢後血嗣爲號召，即位亦行南郊，諸胡立國，並以五行推求自身德次，其目的當是要爭取中原人民的認同，是則南郊祭天之禮也成爲確立帝位合法性的一種儀式。

二、北魏時期

拓跋珪即代王位於牛川，其禮西向，設祭告天而成禮。至北魏天興元年（398），定都平城，即皇帝位，「祀天之禮用周典，以夏四月親祀于西郊」〔註50〕，周典即指南郊之禮，行完南郊，於夏四月又行西郊。此西向祭天之禮乃鮮卑舊俗，至孝文帝太和十八年（494）時始廢除，則在此之前，北魏應是兩制並行。但北魏初期，西郊的重要性實重於南郊，如《魏書》〈禮志〉記載：

> 神麚二年，帝將征蠕蠕，省郊祀儀。四月，以小駕祭天神，畢，帝
> 遂親戎。大捷而還，歸格於祖禰，徧告群神。〔註51〕

太武帝因將征伐蠕蠕，省略郊祀，卻不忘祭祀本俗的天神，大捷而還所徧告的群神中，除了祖禰，可能還有本俗的諸天神。檢視《魏書》〈禮志〉，北魏

〔註48〕　《晉書》，卷一○五〈石勒載記〉，頁2748。
〔註49〕　《晉書》，卷一一三〈苻堅載記〉，頁2884～2885。
〔註50〕　《魏書》，卷一○八〈禮志〉，頁2734。
〔註51〕　《魏書》，卷一○八〈禮志〉，頁2738。

自道武帝至明元帝時期（386～423），宗廟與胡天神祭祀有大規模的擴張，且大部分以宗廟為主，胡天神配祀〔註52〕。這一擴張現象可能與鮮卑的舊俗信仰有關，且其祭祀頗重祖先崇拜，如西郊禮中，除了祀天，亦設七座木主於方壇上。據日本學者江上波夫的研究，在北亞民族之薩滿信仰的世界觀裡，祖先亡靈只是天上界、地上界與地下界中的一種神靈，將祖先崇拜置於天、地、鬼神的祭祀之上，可能是中國文化對匈奴祭祀及其基礎世界觀的影響，拓跋魏以太祖為最重要的祭祀對象，地位高於諸天神之上，亦應是受中國以宗廟祭祀為國家皇室之大事的傳統所影響〔註53〕。但北魏宗廟的設立常有重複，既有太廟祭祖，又個別立廟分祀。顯見北魏雖仿效中原的宗廟禮法，卻也有自行的造作，至孝文帝太和十五年（491）經始明堂、改營太廟之後，單一宗廟的祭祀方成定制。

鮮卑舊俗是否影響禮制內諸神祇的祭祀，情形並不清楚，但明元帝泰常三年（418）後，山川海若諸神頗受重視，各州郡合計三百二十四所，且於每年十月派遣祀官到州鎮遍祀，又在桑乾河南岸設立五岳四瀆廟，是山川祭祀中的變例〔註54〕。這一波擴張現象在太武帝太延二年（436）時，因崔浩的奏議而遭到阻扼，其議曰：「神祀多不經，案祀典所宜祀，凡五十七所，餘復重及小神，請皆罷之。」〔註55〕崔浩以祀典為存罷之根據，故此次廢祀乃屬儒教禮法對於神祇清整的性質。罷祀的諸神中，是否包括鮮卑諸天神，情況亦不清楚。唯文成帝和平元年（406）四月旱災，下詔令州郡「於其界內神無大小，悉洒掃薦以酒脯。年登之後，各隨本秩，祭以牲牢」〔註56〕，從這份詔

〔註52〕 北魏道武帝時立有平文、昭成、獻明等廟，又立神元、思帝、平文、昭成、獻明五帝廟於宮中；明元帝則初立太祖廟於白登山，後又立別廟於宮。其後於白登西立昭成、獻明、太祖廟，又於雲中、盛樂、金陵三所，各立太廟。白登山太祖廟兼祀皇天上帝，以山神配祀。宮中的太祖別廟則加置天日月之神及諸小神二十八所，白登山西之廟也別置天神二十三所。這應是鮮卑宗廟祭祀所特有的現象。參《魏書》，卷一○八〈禮志〉，頁2736～2737。

〔註53〕 江上波夫，〈匈奴的祭祀〉《日本學者研究中國史論著選譯（九、民族‧交通）》（北京：中華書局，1993年），頁20～21。

〔註54〕 這項作法將散布於遠方各地的岳瀆象徵性地建祠於京師，可能是基於祭祀的便利性與安全性的考量。明初設有山川壇，洪武三年（1370）夏旱，明太祖即曾「素服草屨，步禱山川壇，露宿凡三日。」北魏的五岳四瀆祠或許也具有這種功能。《明史》，卷二〈太祖紀〉，頁24。

〔註55〕 《魏書》，卷一○八〈禮志〉，頁2738。

〔註56〕 《魏書》，卷一○八〈禮志〉，頁2739。

令中似乎可以推測，崔浩所廢祀的可能是以山川海若一類不在祀典內的神祇為多，因為這些神祇被認為具有興雲致雨的功能，為祈雨的緣故，先前所廢祀的神祇皆恢復了祭祀。

　　第二波的擴張肇因於文成帝和平元年四月的旱災，其中過程史料未載，但從孝文帝延興二年（472）官員的奏議中，可以看到大致的結果。據《魏書》〈禮志〉載：

> 有司奏天地五郊、社稷已下及諸神，合一千七十五所，歲用牲七萬
> 五千五百。〔註 57〕

參較崔浩廢祀前的三百二十四所與廢祀後的五十七所，此一千零七十五所顯然已是數倍擴充，若以國家統計數字為保守估計，則實際數目當不止此數。官員奏議中呈現了兩個數字，諸神祀與歲用牲的數量，但獻文帝所裁決的是祭祀用牲的節制，除郊天地、宗廟、社稷之祀用牲外，群祀悉用酒脯，對於神祇數量則無裁抑的措施。太和四年（480）二月（此時乃文明太后稱制臨朝時期），敕天下祀山川群神及能興雲雨者，修飾祠堂，薦以牲璧。同年夏四月，又以時雨不霑，春苗萎悴，朝廷為求霖雨解旱，令「有神祇之所，悉可禱祈」，可能是促成祠祀增加的主因。到了太和十五年（491）祠祀的數量又增加為 1,200 餘處〔註 58〕，此年四月，孝文帝經始明堂，改營太廟，對於饗祀諸神亦下令減省，這是孝文帝親政以後所進行的一連串郊祀與宗廟制度的改革，祠祀的擴張至此又遭一阻遏。孝文帝認為雨旱與施政的良窳有關，並不以為祈神而可致，因此，有司奏祈百神，他下詔答曰：

> 昔成湯遇旱，齊景逢災，並不由祈山川而致雨，皆至誠發中，澍潤
> 千里。萬方有罪，在予一人。今普天喪時，幽顯同哀，神若有靈，
> 猶應未慰安饗，何宜四氣未周，便欲祀事。唯當考躬責己，以待天
> 譴。〔註 59〕

孝文帝的祠祀改革是他的漢化政策的一環，所根據的是儒教禮法，其步驟則是漸進式的。對於禮學上的問題，孝文帝融合鄭玄與王肅的意見，提出他自己的見解，消弭當時祭天地與宗廟祭禮上的禘祫與六宗問題，又議五德相襲之序，定北魏乃承晉德而為水；這些釐定的措施，使北魏立足中原更有禮法

〔註 57〕　《魏書》，卷一〇八〈禮志〉，頁 2740。
〔註 58〕　《魏書》，卷七〈高祖紀〉，頁 148～150。
〔註 59〕　《魏書》，卷七〈高祖紀〉，頁 168。

上的根據，成為一個名符其實的正統王朝。此時，孝文帝的郊天祀禮的重心逐漸由西郊轉向南郊〔註60〕，其他的胡天神祭祀也下詔罷省〔註61〕。在郊祀與宗廟禮法漸上軌道的同時，對於古聖先賢的祭祀，孝文帝也有詔令予以定制，規定於祀令者有五人，分別是帝堯、虞舜、夏禹、周文公與孔子，前四者的祭祀地都在其朝之舊都，唯獨孔子立廟祀於北魏京城，孝文帝並親拜祭於廟〔註62〕。從以上的廢立興革中，應該可以確定孝文帝改革祭禮的思想乃是以孔子儒教禮法為中心，漸次革除鮮卑舊有的祭俗，導向以禮制重建的儒教國家，為他進一步的漢化措施奠定基礎。

孝文帝以後，宗廟配祀的問題成為主要的禮制重心，但宣武帝「優遊在上，致意玄門」，對於禮法之事不太措意，其詔言：「禮貴循古，何必改作。且先聖久尊，綿代恆典，豈朕沖闇，所宜革之」〔註63〕，這自然是謙辭，因為他的心力大部分放在佛法上面，對於禮法之事便顯得冷淡。北魏後期的帝王信佛虔誠，北魏禮法的衰頹，與佛法的興盛應該脫不了關係。孝明帝時，胡太后崇佛甚深，洛陽永寧寺九級浮圖即為其所建，神龜二年（518）九月曾幸嵩山，並下令「廢諸淫祀，而胡天神不在其列。」〔註64〕同年底，「詔除淫祀，焚諸雜神」〔註65〕，前者只行於嵩山，後者則是全面性的。這是祠祀發展的第三次受到阻遏，此次廢淫祀是否與佛教有關，頗難定斷，但可注意的是胡天神被保留而不廢，鮮卑舊俗的天神信仰至此仍可見其蹤跡，且受統治者所維護。正光三年（522）六月，因連年旱災，皇帝又下令：「今可依舊分

〔註60〕 太和十六年（492）省西郊郊天雜事，卻增加迎氣南郊之儀，並以為常制。至太和十八年三月始詔罷西郊祭天（《魏書》，卷七〈高祖紀〉，頁169。同書〈禮志〉，頁2751）。可見整個移轉的過程是漸進的，至於孝文帝改革禮制的過程與他當時在平城的處境，請參見康樂，《從西郊到南郊——國家祭典與北魏政治》，頁178～191。

〔註61〕 太和十五年（491）八月詔引東漢元、成之際匡衡改革祭祀的例子，下令減省群祀，務從簡約。對於白登山、雞鳴山等別立的宗廟僅遣有司行事而不親祭，先前所立的水火之神四十餘名及城北星神，則因與圓丘之下諸神重複，悉皆罷之。這次改革乃是以東漢匡衡的改革為範式，將複重的神祇祭祀收斂入郊祀天地的神系中。太和十六年（492）十月，對於白登山太祖廟又復有議，其旨在歸祭祖於太廟，可謂慎重其事。《魏書》，卷一○八〈禮志〉，頁2750～2751。

〔註62〕 《魏書》，卷一○八〈禮志〉，頁2750。

〔註63〕 《魏書》，卷一○八〈禮志〉，頁2761。

〔註64〕 《魏書》，卷十三〈宣武靈皇后胡氏傳〉，頁338。

〔註65〕 《魏書》，卷十三〈肅宗紀〉，頁229。

遣有司，馳祈嶽瀆及諸山川百神能興雲雨者」〔註66〕，祭祀雖由中央分遣有司行事，但爲旱災而祈雨，無疑又提供祠祀了祠祀滋繁的機會。

此外，鮮卑舊俗中，西郊祭天與東廟之祀是兩種大規模的祭祀活動，康樂據江上波夫的研究，認爲西郊與東廟之祭應當就是遍行於北亞文化圈的春、秋二祭，並推測「東廟之祀」可能即是「白登之祀」，因爲白登山位於平城的東方〔註67〕。在北魏宣武帝時，源懷的奏表中曾提到：「昔世祖昇遐，南安在位，出拜東廟，爲賊臣宗愛所弒。」〔註68〕由於白登山有太祖廟及拓跋先祖的廟，此處南安王又於太武帝崩後至東廟祭拜，如此看來，則「東廟之祀」的祭祀性質很可能就是北魏的宗廟祭祖，這點康樂在推論上並未明言。然如前述江上波夫所說，北魏祭祀祖先而將它們置於天地神祇之上，此乃拓跋氏受漢族影響，那麼，這種鮮卑舊俗由來實亦遠矣。關於東廟的祭祀，據《魏書》〈太宗紀〉載：

> （泰常四年）夏四月庚辰，車駕有事於東廟，遠藩助祭者數百國。
> 〔註69〕

在東廟的祭祀中，遠藩助祭者有數百國，數量上可能有點誇稱，不過，就性質而言，這些人應該是指鮮卑的族裔弟子，遠道而來參與祭祖的典禮。前述孝文帝太和十五年（491）經始明堂、改營太廟之後，單一宗廟的祭祀方成定制，孝文帝有意以太廟取代白登等東山之祀，亦即以中原的宗廟祭祖取代鮮卑東廟祭祖的舊俗〔註70〕。就祠祀的意義而言，如果像江上波夫所說，鮮卑將祖先置於天地神祇之上，則這項改革的重要性實不下於西郊祭天的改革。

三、北齊與北周時期

北齊天保元年（550），文宣帝篡東魏後，群祀以尊孔爲先而展開。《北齊書》〈文宣帝紀〉載：

〔註66〕 神龜年間之廢祀，主政者係爲胡太后，孝明帝本人則爲尊崇儒教，正光元年（520）與二年，曾兩度祠祀孔子，透過這項行爲，可見儒家教化的思想在此時又有被彰顯、強調的情形。此次祈雨由中央主事，除備牲牢薦饗，亦令上下群官側躬自屬，理冤獄、減膳撤懸以爲因應，是相當有節度的作法。參《魏書》，卷九〈肅宗紀〉，頁233。

〔註67〕 康樂，《從西郊到南郊——國家祭典與北魏政治》，頁165～173。

〔註68〕 《魏書》，卷四十一〈源賀傳〉，頁925。

〔註69〕 《魏書》，卷三〈太宗紀〉，頁59。

〔註70〕 相關的討論，可以參考康樂，《從西郊到南郊——國家祭典與北魏政治》，頁170。

> 詔封崇聖侯邑一百户，以奉孔子之祀，並下魯郡以時修治廟宇，務
> 盡褒崇之至。詔分遣使人致祭於五岳四瀆，其堯祠舜廟，下及孔父、
> 老君等載於祀典者，咸秩罔遺。〔註71〕

魯郡孔子故居當時位在北齊境內，故能追封孔子後裔、修治廟宇，這是北齊
在尊孔時較南朝與北周佔優勢的地方。事實上，北齊頗致力於修學延賢以敦
述儒風，在國子學與郡國學的興立上是相當有成就的〔註72〕。不過，除了在
學官中禮敬聖師，北齊的祭孔也有特殊的發展，就禮制而言，似有「淫祀」
之嫌，詳見第四章第二節。

其次，從北齊祭禮的牲獻來看，較諸前朝實有明顯的省簡，如丘、郊、
禘、祫等禮似只用少牢，農社、先蠶用酒脯，而雩、禖、風、雨、司民、靈
星、雜祀等則僅用果餅酒脯。由於北齊文宣帝天保八年（557）的夏、秋兩季，
河北、河南二地曾有大蝗災，隔年夏天又遇大旱，山東亦遭大蝗，因此，牲
禮的簡省可能反映了旱災與蝗災期間農事生產欠收的情形。此間，文宣帝曾
祈雨於西門豹祠，因未能澍雨，乃毀其祠而掘其塚〔註73〕。文宣帝本人信佛
甚篤，曾於甘露寺禪居深觀，毀祠瀆神之舉，顯示了他重現實利益的祈祀目
的，此舉或亦是他對於連年蝗旱之憂慮的發洩。概而言之，北齊的祠祀因天
災所致，中央的祀事趨向簡省。文宣帝毀西門豹祠的舉措與祀事趨簡，對民
間的祠祀是否有抑遏的作用？情形並不清楚，不過，據《隋書》記載，後主
「祭非其鬼，至於躬自鼓儛，以事胡天。鄴中遂多淫祀」〔註74〕，民間祠祀
的興盛多少與君主的偏好有關。其後，幼主每遇災異水旱則「諸處設齋，以
此為修德。雅信巫覡，解禱無方」〔註75〕。北齊未見有禁「淫祀」之詔，至
末年水旱災異頻生，而君主求助於巫覡，民間之鬼神祠祀的滋盛應是可以想
見的。

北周以關中地域為本位，為自別於山東的北齊與江左的蕭梁，在政制上
與禮制上均獨樹一制，以繼述成周為號召，用以堅定群眾自信的心理〔註76〕。
它在政制上多仿《周禮》，祭祀上則多依《儀禮》，然其差異主要在於南北郊

〔註71〕 《北齊書》，卷四〈文宣帝紀〉，頁 51。
〔註72〕 《北齊書》，卷四〈文宣帝紀〉，頁 53。
〔註73〕 《北齊書》，卷四〈文宣帝紀〉，頁 64。
〔註74〕 《隋書》，卷七〈禮儀志〉，頁 149。
〔註75〕 《北齊書》，卷四〈幼主紀〉，頁 112。
〔註76〕 陳寅恪，《隋唐制度淵源略論稿》，頁 13～18。

與圓丘等設壇的規制上。此外，北周宗廟之制「思復古之道，乃右宗廟而左社稷」〔註77〕，至於所祀天帝及配帝五官之神與北齊及梁是相同的。

　　除了禮制上的差異之外，北周與其他朝代一樣有著整套的祭祀體系，所祀神祇亦大同小異，但北周自開國以降，對於雨旱災異的應對卻表現出強烈的「天人感應」的態度。官方因旱災而祈雨的記載十分罕見，其因應之道常是皇帝責躬罪己〔註78〕，對於雨旱致災的思考方向，多引向政刑得失的檢討〔註79〕，這種態度從孝閔帝、明帝、武帝到宣帝，有其一貫性。北周在政制上多復古，加以武帝定儒教為三教之先，以此為本而廢斷佛、道二教，至靜帝大象二年（580），追封孔子並置廟京師，儒教受到高度的推崇〔註80〕，這種因應之道可能也是同一脈絡下的表現。武帝建德三年（574），廢斷佛、道二教的同時「並禁諸淫祀，禮典所不載者，盡除之」〔註81〕。此次禁祀，其範圍廣及地方舊俗用以祈雨的山神，山廟遭到廢除；然而，在廢祀後不久，即已有地方因大旱絕流而復祀祈雨，且主事者為地方州官〔註82〕。不過，地方官吏祈雨的例子相當少見，《周書》中所見的幾件祈雨事例係由皇帝親祀或遣官致祭，如武帝曾因天旱遣達奚武祀華岳，宣帝則下詔責己之後，親幸仲山祈雨〔註83〕。其慎於祈祀可見一斑，此次地方州官違令祈雨，可能是順應於民意的權變之舉，然亦可見向山神祈雨的觀念深入於民心。

　　此外，北周為招徠西域，「又有拜胡天制，皇帝親焉。其儀並從夷俗，淫僻不可紀也」〔註84〕。較諸前述北魏孝武帝即位東郊而用代北舊制，頗有相

〔註77〕《隋書》，卷七〈禮儀志〉，頁135。

〔註78〕《尚書》〈商書・湯誥〉：「惟簡在上帝之心，其爾萬方有罪，在予一人。」擔天下之罪於一身的思想出於商湯此語，北周武帝「集百僚於大德殿，帝責躬罪己，問以治政得失」，宣武帝則詔稱：「良由德化未敷，政刑多舛，萬方有罪，責在朕躬」，均有此思想之遺意。參見《周書》，卷五〈武帝紀〉，頁82與卷七〈宣帝紀〉，頁123～124。

〔註79〕其例見《周書》，卷五〈武帝紀〉：「亢旱歷時，嘉苗殄悴。豈獄犴失理，刑罰乖衷歟？」頁65。又同書卷七〈宣帝紀〉：「欲使刑不濫及，賞弗踰等，選舉以才，宮闈修德。宜宣諸內外，庶盡弼諧，允叶民心，用消天譴。」頁122。

〔註80〕《周書》，卷七〈宣帝紀〉：「盛德之後，是稱不絕，功施於民，義昭祀典。……至如幽贊天人之理，裁成禮樂之務，故作範百王，垂風萬葉。……別於京師置廟，以時祭享。」頁123。

〔註81〕《周書》，卷五〈武帝紀〉，頁84。

〔註82〕《周書》，卷三十〈于翼傳〉，頁525。

〔註83〕《周書》，卷十九〈達奚武傳〉，頁124，及同書卷七〈宣帝紀〉，頁305。

〔註84〕《隋書》，卷七〈禮儀志〉，頁149。

似之處。此舉或係基於政治目的的考量，與北齊後主「躬自鼓舞，以事胡天」固然不同，但仍可見胡天神祭祀的遺留，乃至尚具有某種程度的影響力。

四、隋朝時期

楊堅篡北周，開皇元年（581）即「易周氏官儀，依漢、魏之舊」〔註85〕，北周的創制多被捐棄，或僅名存而實亡〔註86〕。不只官儀如此，祠祀禮制亦多仿自梁與北齊。北齊的祠祀概如上述，至於梁朝，梁武帝時曾「命群儒，裁成大典」，對禮制多所興革。不過，在南郊、圓丘的祀禮上存有鄭學與王學的爭議，這種爭議從梁、陳以迄於隋，郊丘之制因議者所學而變易。至隋文帝時，命辛彥之議定祀典，建圓丘於國之南，似即採王肅「圓丘即南郊之祭」的主張〔註87〕。其次，關於山川嶽鎮的祭祀，梁朝的禮學者在這方面的辨議也不少，主要的內容在於，如果山川嶽鎮的神祇與配祀於天地的神祇重複，這部分的神祇是否應該罷省。梁武帝在裁決上傾向於重複置祀，當時的儀曹郎朱异也作此主張，顯然梁代官方祠祀所祭祀的神祇中有相當的複重性〔註88〕。梁代的雩祭並非恆祀，乃四月以後遇旱災方禱祀，至隋時改定為孟夏龍星現則禱，成為每年的定祀。

隋文帝開皇九年（589）統一南北分裂的局面後，對於祀典曾多所修訂，《隋書》〈禮儀志〉載：

> 開皇十四年閏十月，詔東鎮沂山，南鎮會稽山，北鎮醫無閭山，冀
> 州鎮霍山，並就山立祠。東海於會稽縣界，南海於南海鎮南，並近
> 海立祠。及四瀆、吳山，並取側近巫一人，主知灑掃，並命多蒔松
> 柏。其霍山，雩祀日遣使就焉。十六年正月，又詔北鎮於營州龍山
> 立祠。東鎮晉州霍山鎮，若修造，並準西鎮吳山造神廟。〔註89〕

除了中央郊廟禮制的議定外，也將岳鎮海瀆的祭祀擴展至江南，建立一套東、西、南、北四方完整的岳鎮海瀆的神祠體系。而且，不僅由國家興建神祠，並在部分的岳鎮神祠設置巫者以行灑掃的工作。這點若與前朝的宗教政策相對照，如秦始皇統一規畫中央與各地祠祀管理，他的宗教政策反映了大一統

〔註85〕《隋書》，卷一〈高祖志〉，頁 13。
〔註86〕陳寅恪，《隋唐制度淵源略論稿》，頁 14～16。
〔註87〕《隋書》，卷七〈禮儀志〉，頁 107～108、116。
〔註88〕《隋書》，卷七〈禮儀志〉，頁 109～110、127。
〔註89〕《隋書》，卷七〈禮儀志〉，頁 140。

政府的成立。漢高祖除了繼承秦代的祭祀外，也有一項創新的舉動，就是在長安安置了各地的巫者，各有其祭祀的專業〔註 90〕。又曹魏時，將道教術士招致於京師，使他們無法在社會上進行活動，具有監視與管理的意味〔註 91〕。不難看出，隋文帝對於祀典的修定與營造，配合他的佛教事業，正好也反映出大一統局面的氣象。

隋代對於祠祀信仰大抵採寬容態度，與其興佛事業共相榮盛，《隋書》〈文帝紀〉載：

> （開皇二十年十二月）辛巳，詔曰：「佛法深妙，道教虛融，咸降大慈，濟度群品，凡在含識，皆蒙覆護。所以雕鑄靈相，圖寫眞形，率土瞻仰，用申誠敬。其五嶽四鎮，節宣雲雨，江、河、淮、海，浸潤區域，並生養萬物，利益兆人，故建廟立祀，以時恭敬。敢有毀壞偷盜佛及天尊像、嶽鎮海瀆神形者，以不道論。沙門壞佛像，道士壞天尊者，以惡逆論。」〔註 92〕

隋代未見有禁淫祀的詔令，加以此詔給予山川與人鬼祠廟合法的保障，祠祀信仰應有相當程度的發展。在此之前，開皇十四年（594）關內諸州熱旱，至十五年時，旱象未解，隋文帝東巡以歲旱祠泰山，以謝愆咎，該年並有詔曰：「名山大川未在祀典者，悉祠之。」〔註 93〕此時因旱祈雨，即已有擴大祭祀的現象。北周對於旱災注重政事檢討的因應之道已如上述，隋代則承自梁制，先革政刑諸弊而後施行祭祀，其中並分中央與地方兩種層級，可見地方州郡之官也有祭祀權，未若北周多由中央遣祀；此外，隋官制中，太卜署下設有卜師二十人、相師十人、男覡十六人、女巫八人等，在官僚體系中給予巫覡合法性的地位。隋代宮廷中巫覡因治疾禳邪而活動頻繁，隋文帝即位後亦曾遣二使至同州告祭其皇考桓王廟，兼用女巫從事〔註 94〕，帝王家祭而用女巫，凡此種種跡象當可顯示隋代對於祠祀的寬鬆態度。唐初詔令「私家不得輒立妖神，妄設淫祀，非禮祠禱，一皆禁絕」〔註 95〕，或可視爲對於隋代

〔註 90〕 蒲慕州，《追尋一己之福：中國古代的信仰世界》，頁 122～126。

〔註 91〕 湯一介，《魏晉南北朝時期的道教》，第五章〈三國西晉時期對道教的限制〉，頁 133～140。

〔註 92〕 《隋書》，卷二〈文帝紀〉，頁 45～46。

〔註 93〕 《隋書》，卷二〈文帝紀〉，頁 40。

〔註 94〕 《隋書》，卷七〈禮儀志〉，頁 136。有關這部分的論述亦可參考宮川尚志，〈六朝時代の巫俗〉，《六朝史研究（宗教篇）》，頁 352～353。

〔註 95〕 《舊唐書》，卷二〈太宗本紀〉，頁 30。

祠祀發展的清整。

　　總結北朝官方祠祀的發展，五胡時期胡族雖自有本俗，但由於統治的需要與民俗的融合，他們對於中原的政教禮俗與民間風俗，頗能吸收利用。因而，此時期雖稱亂世，卻仍間歇可見各種官方祠祀活動的舉行，對於禮制的存續或許可說仍薄有微功。北魏以武力廓清北方，建立統一的大帝國，立國之初的禮儀中有明顯的鮮卑舊俗，這些舊俗對於中原人民的信仰可能沒什麼影響力，不過，由於北魏初期的君主好祠祀，因此，這一時期不僅胡神（包括胡天神與祖靈等）的祭祀相當興盛，民間的祠祀也競效而繁滋。北魏曾進行多起禁斷「淫祀」的措施，但卻常常因久旱成災而擴大祈雨，致使禁令不行；而復興後的「淫祀」數量，往往較禁斷之前數倍發展。

　　北齊與北周雖屬同一時期，但兩國的君主對於雨旱祠祀的態度卻明顯地不同。北齊君主多遵循祭祀求雨的舊俗，末代的兩位君主則更在禮制的範圍之外廣求鬼神。北周的君主則多表現出戒慎恐懼的態度，除了齋戒避寢、責躬罪己外，更進而檢討現實政刑的得失。北周在政制與禮制上均有復古之傾向，這種思想或許也是受到它的影響。隋代的宗教政策通常是具有全盤規畫的施政，其中佛教的建寺、建塔與譯經事業是最顯著的。祠祀信仰在隋代也得到相當程度的擴展，不但未見禁「淫祀」的詔令，甚至有明詔擴大祭祀，巫者的活動也頗為頻繁，這點與隋代帝室的宗教信仰應該有密切關係。

第三章　祠祀信仰與政治

　　前文曾多次分疏祠祀信仰爲官方與民間兩個範疇，實際上，此二者間的界限很難畫分，官、民祠祀間有一些糾結，表現在崇拜者身份的重疊，以及兩者崇拜對象的重疊，這點在前章的註文中已引蒲慕州的意見作爲說明。本章在研究取徑上是以祠祀信仰所引發的政治與社會的現象爲主，在這項主軸中，特別是從政治統制的角度來觀察祠祀時，我們可以發現，祠祀教化很明顯是上對下的一種統治手法，祠祀政策的擬訂與施行，大體是由統治者所主導，但在施行過程中所面臨的問題，則反映出官、民間互動的關係。因此，透過祠祀信仰與政治之關係的研究，將會使我們對祠祀信仰有較整體性的瞭解。

　　在論述上，本章著重幾項概念的分析，這些概念本身即已隱念著「上對下」的判斷立場，對於這些概念的解讀，有助於我們瞭解統治者對待民間祠祀的態度。必須說明的是，在現象的分析中，本書多著重於政治教化的層面，而這類的文獻資料係出於官方之手，有關民間祠祀活動的描述多呈現負面的批判字眼，但大體仍有一些寫實敘述，可供作爲觀察祠祀信仰之社會現象的憑藉。因此，本書在論述官方祠祀教化的同時，多少也會就祠祀信仰在社會面的影響略加說明，不過，在性質上也只能說是它的一個側面。此外，蒲慕州認爲漢代知識分子在民間信仰中的角色具有參與者、批評者與改革者三種性格〔註1〕，這種說法在北朝是否一樣適用？下文的論述或許也可以作爲驗證的參考。

〔註1〕蒲慕州，《追尋一己之福：中國古代的信仰世界》，頁237～260。

第一節　「淫祀」的概念

　　祠祀而有正、淫之分，時間應是在周初封建禮制發達之後，在封建禮法中，不論祭祀者的身分、祭祀的對象、祭祀方式與用牲品級等均有所規定，合乎規定者自然是「正祀」，若逾越禮制祀典的範圍即可能被判爲「淫祀」。以上所說，只是猜測。「淫祀」一詞最早見於《禮記》〈曲禮〉，其文如下：

> 凡祭，有其廢之，莫敢舉也；有其舉之，莫敢廢也。非其所祭而祭
> 之，名曰淫祀。淫祀無福。〔註2〕

引文中透露幾點訊息：（一）祭祀有常則，舉廢不可妄行；（二）淫祀的定義；（三）淫祀的結果。其中關於「淫祀」的定義，由於文字簡約，文義遂有多種解讀的可能，後世稱引「淫祀」者甚眾，所指攝的內容也多有不同。蔣竹山在〈宋至清代的國家與祠神信仰研究的回顧與討論〉一文中，論述自宋元以下至清代對「淫祀」觀念的闡釋，大抵不超出清儒孫希旦詮釋的內涵〔註3〕。根據孫希旦的說法，「淫祀」有兩種定義：（一）其神不在祀典；（二）越份而祭〔註4〕，這種說法在宋元以下的禮典註釋中甚具代表性。在這基礎上，本書想將時代上溯至魏晉南北朝時期，從實際的事例中分析當時人使用「淫祀」一詞所呈現的概念。

　　其實，孫希旦對於「淫祀」的兩種定義——「其神不在祀典」與「越份而祭」，在魏晉南北朝時期均已見諸官方文獻與士人的言論，甚至，這些史料記載所呈現的「淫祀」是比孫希旦更豐富而廣泛的觀念。翻檢史料，約有以下數端：（一）僭禮瀆神；（二）縱欲祈請；（三）偏離常軌，不合禮制；（四）用以擬視佛教、道教；（五）奇異的祭祀方式；（六）從佛教的角度而言，殺生祭祀即爲淫祀。以下即對這六項做進一步的論述。首先，第一、二項見於《宋書》〈禮志〉，文曰：

> 晉武帝泰始元年十二月，詔：「昔聖帝明王，修五嶽、四瀆，名山川
> 澤，各有定制。……故祝史薦而無媿詞，是以其人敬慎幽冥，而淫

〔註2〕孫希旦，《禮記集解》，卷六〈曲禮下〉（北京：中華書局，1995年），頁152。

〔註3〕不過，作者認爲明清儒者對「淫祀」的觀念不僅延續了儒家祭法傳統的基本概念，亦針對當時的實際祠廟狀況做了一番更爲具體的界定與詮釋。亦即從禮制的角度，對於祭祀對象的判定趨向於嚴格。《新史學》八卷二期，1997年6月，頁206～213。

〔註4〕相關的討論可以參見ルドルフ・ヘルツアー（Rudolf Herzer）著、福井重雅譯，〈淫祀及び淫祠の考察〉，《漢魏文化》第四期，1963年10月。

祀不作。末代信道不篤，僭禮瀆神，縱欲祈請，曾不敬而遠之，徒

偷以求幸，妖妄相扇，舍正爲邪，故魏朝疾之。……」〔註5〕

詔文中對「淫祀」的闡述不僅止在於「僭禮瀆神，縱欲祈請」，更延伸至撻伐
淫祀者因欲求僥倖而「妖妄相扇，舍正爲邪」，造成社會的動亂。這樣的解釋
當然已超過「淫祀」字面上的意義，但不可否認的，那卻是「淫祀」所可能
造成的影響。

其次，前文在解讀《禮記》原文時，指出一條訊息：「祭祀有常則，舉廢
不可妄行。」這點和我所列舉的「偏離常軌，不合禮制」頗爲相近，但仍有
些微不同。據《魏書》〈劉芳傳〉載：

周公廟所以別在洛陽者，蓋姬旦創成洛邑，故傳世洛陽，崇祠不絕，
以彰厥庸。夷齊廟者，亦世爲洛陽界內神祠。今並移太常，恐乖其
本。……竊惟太常所司郊廟神祇，自有常限，無宜臨時斟酌以意，
若遂爾妄營，則不免淫祀。二祠在太常，在洛陽，於國一也，然貴
在審本。〔註6〕

劉芳從周公廟與夷齊廟偏離常軌，被移入太常郊廟神祇之祭祀的現象，提出
「審本」的原則，在此遂對「淫祀」的內涵多闢一層意義。亦即周公廟與夷
齊廟均是官方認可應祭的神祇（在祀典中），但二者本屬地方性神祇，不應納
入太常的郊廟中，這項衝突所凸顯的是受祀神祇位屬的問題。廣義來說，這
件事例也可以說是「僭位的祭祀」〔註7〕，但僭越者不是人，而是被祭祀的神
祇。從這點也可以得知，「淫祀」指的並非都是民間的雜祀，官方祠祀中若有
違禮的行爲或現象，也可稱之爲「淫祀」。

第四至六項皆與佛教有關，其中第四、五兩項則與佛、道二教都有關係。
佛教傳入中國後，因與儒教傳統有所牴觸，衛道之士在論述中，對於佛教的
性質與類屬多引「淫祀」一詞以爲譬。在性質上，如石趙時王度所言：「佛，
外國之神，非諸華所應祠奉。」佛本非華夏之神，故不在禮典中，可能是這
個緣故，王度並不直指斥佛爲「淫祀」之神；但在類屬上，他卻將「詣寺燒

〔註5〕　《宋書》，卷十七〈禮志〉，頁487。

〔註6〕　《魏書》，卷五十五〈劉芳傳〉，頁1224～1225。

〔註7〕　Rudolf Herzer 從孫希旦的定義中討論出兩種他認爲較恰當的譯法，一是違法
的祭祀，一是僭位的祭祀，這點也反映出國外學者在「淫祀」理解上的爭議
性。ルドルフ・ヘルツアー（Rudolf Herzer）著、福井重雅譯，〈淫祀及び淫
祠の考察〉，《漢魏文代》第四期，1963年10月。

香禮拜」的行為比照「淫祀」之罪〔註8〕。類似的觀念到唐人李師政的〈內德論〉〔註9〕中尚被提及，也許在唐朝時仍有些人存有這種想法。這是從儒教的角度來貶斥佛教。

其次，「淫祀」常與「左道」一詞並稱，如「以左道為吾賢，用淫祀為終志。」〔註10〕這話是以反諷的語氣說出，事實上，「淫祀」與「左道」二詞均有貶斥的意味。「左道」一詞於《禮記》中即已出現，其文為：「析言破律，亂名改作，執左道以亂政，殺。」據孔穎達的解釋，因地道尊右，故正道為右，不正道則為左〔註11〕。該詞原多指巫蠱、俗禁之類，尤其是那些可能妨害政事者，均被統治者列為禁絕的對象，如《六韜》中即說：「偽方異技，巫蠱左道，不祥之言。幻惑良民，王者必止之。」〔註12〕後世的用法則擴及於偏離常道的道術或宗教，南朝陳後主有道詔令即說：

> 又僧尼道士，挾邪左道，不依經律，民間淫祀祆書諸珍怪事，詳為
> 條制，並皆禁絕。〔註13〕

佛、道在南北朝的大部分時期是被統治者接受的，但對那些「不依經律」的僧尼與道士，則斥之為「挾邪左道」。此詔中以「左道」與民間「淫祀」對舉，正說明在統治者的條制中，「淫祀」與「左道」具有某種同質性，均是遭禁絕的對象。但這只是統治者的立場與觀點，在佛教僧侶的眼中，道教道士所行使的厭鬼禳邪之術也屬「淫祀」之流。據《廣弘明集》〈辯惑篇·周甄鸞笑道論〉載：

> 又案三張之術畏鬼科曰：「左佩太極章，右佩昆吾鐵，指日則停
> 空，擬鬼千里血。」又造黃神赤章殺鬼，朱章殺人，或為塗炭齋
> 者，黃土泥面，驢驤泥中懸頭著柱，打拍使熟。自晉義熙中，道士
> 王公期除打拍法，而陸修靜猶以黃土泥額，反縛懸頭。如此淫祀，

〔註8〕 《晉書》，卷九十五〈藝術傳·佛圖澄〉：「今可斷趙人悉不聽詣寺燒香禮拜，以遵典禮，其百辟卿士下逮眾隸，例皆禁之，其有犯者，與淫祀同罪。」頁2487。

〔註9〕 《廣弘明集》，卷十四〈辯惑篇·唐李師政內德論〉：「復有謂正覺為妖神，比淨施於淫祀。」頁187-3。收入《大正新修大藏經》，第五十二卷，史傳部四。

〔註10〕 《續高僧傳》，卷二十七〈遺身篇〉，頁685-2。收入《大正新修大藏經》，第五十卷，史傳部二。

〔註11〕 參見孫希旦，《禮記集解》，卷十四〈王制〉，頁373。

〔註12〕 《六韜（及其他四種）》，卷一〈上賢第九〉（叢書集成初編）（北京：中華書局，1991年），頁5～6。

〔註13〕 《陳書》，卷六〈後主叔寶紀〉，頁108。

眾淫同笑。〔註14〕

甄鸞身處北周廢佛前夕，作〈笑道論〉乃有佛、道論爭的背景，文中對道教極盡嘲諷之能事，不僅貶抑道教之術為「淫祀」，且由於施行的法術十分怪異，更是其它「淫祀」共同嘲笑的對象。這點則是站在佛教的角度，以「淫祀」一詞作為貶抑道教的手段。

又，僧傳之中不乏「淫祀」的資料，這些資料反映了與異文化接觸時佛教僧侶的本位立場，亦即僧傳作者是從佛教教義的立場對「淫祀」一詞注入新的詮釋。那麼，從佛教教義的角度而言，什麼是「淫祀」？簡單地說，殺生祭祀就是「淫祀」，如《高僧傳》稱：「主人正宰羊欲為淫祀。」〔註15〕《續高僧傳》也載：「又楚俗信巫，殺為淫祀，普因孚化，比屋崇仁。」〔註16〕均以殺生為指斥的重點。這點可以說是佛教借用了「淫祀」一詞而賦予了新的意涵。佛教本身並無祠祀，但對祠祀的存在它是採取接納的態度，這點下文將有深入的討論。

事實上，「淫祀」的認定常常受主觀態度的影響，不僅統治階層與佛教僧侶如此，魏晉時代道教發展時，也常常用「淫祀」二字，攻擊一些不為道教所承認的民間祠祀，雖然不少所謂的道教流派，其實原本也只是類似的祠祀〔註17〕。《搜神記》中有一則故事，多少可以反映一點道教的立場，略錄其文如下：

> 漢時有杜蘭香者，自稱南康人氏。以建業四年春，數詣張傳。……傳先名改碩，……蘭香降時，碩問：「禱祀如何？」香曰：「消魔自可愈疾，淫祀無益。」香以藥為消魔。〔註18〕

魏晉的神仙道教頗為強調丹藥養生，許多仙人傳說除了敘述他們的神奇異能外，關於施道術醫病、胎息合丹、尸解或昇天等經歷的比重增加，祠祀色彩則較漢代退卻不少。杜蘭香看重藥物的療效而擯棄禱祀，應該可以在這個脈

〔註14〕《廣弘明集》，卷九〈辯惑篇·周甄鸞笑道論〉，頁149-3。

〔註15〕《高僧傳》，卷四〈義解篇·于法開〉，頁350～351。

〔註16〕《續高僧傳》，〈習禪六·荊州神山寺釋玄爽傳〉，頁600～601。（案：《大正新修大藏經》此篇在卷次上有誤，依序當為卷二十一，卻作卷二十五，唯卷二十五另有篇帙，此處但標頁碼，讀者自可尋得）

〔註17〕蒲慕州，《追尋一己之福——中國古代的信仰世界》，頁237～239。

〔註18〕《搜神記》，卷一〈杜蘭香〉（臺北：洪氏出版社，1982年），頁15～16。據該書註文說明，《藝文類聚》「魔」作「摩」，而《真誥》曰：「仙真並呼藥為消摩。」因此，從這個用語來看，神女杜蘭香應可視為道教仙人。

絡下來理解。以此，我們或許可以推測，魏晉南北朝時期部分的道教流派認為疾病即應以藥物醫療，而非求助於鬼神，「淫祀」是沒有助益的，這點和儒家禮典中「淫祀無福」的觀念略為相通。

以上主要是從「淫祀」一詞的考證著手，除了著眼於儒家禮學中關於「淫祀」觀念的解釋外，也擴及該詞被佛教與道教引用而延伸出的新內涵。在儒、釋、道三教的指稱中，「淫祀」均有負面、貶抑的意味，尤其對統治者而言，「淫祀」是禮教不修的反映，也是一種導致政治、社會失序的亂源，它的結果不僅只是「無福」、「無益」，還會遭到政府禁斷的命運。

第二節　禁斷「淫祀」的相關問題

雖然根據禮學家的解釋或在上文的分析中，「淫祀」具有多重的概念，但是，當我們提到「禁淫祀」時，則顯然是從「上對下」的角度來陳述的。這個角度隱含著一個規範與權力的前提，唯其有規範（如官方祀典），因而有祠祀的正、淫之辨；也因具有強制性的權力，方能禁斷「淫祀」。因此，本節所論述的「淫祀」主要是由統治者的立場所判定，亦由官方執行禁斷的措施。不過，若細分之，仍可發現有些禁令是出於皇帝詔令，有些則是地方官吏針對當地實況所採取的行動。就結果而言，「淫祀」遭禁斷的下場是一樣的，但是除了「不在祀典，除之」的基調外，我們若再從「淫祀」對社會的影響、禮典之外的法令依據，以及被禁斷之「淫祀」的性質等方面進行探討，相信可以對「禁淫祀」的現象有更深入的瞭解，對於統治者以「禁淫祀」作為治道之要的說法（參前文第二章第二節）亦能有具體的了解。

一、「淫祀」對社會的影響

「淫祀」對社會的影響主要是指它對民眾的動員、經濟的耗費與心理的鼓動等方面的影響。統治者對於民眾的聚會集結通常是存有戒心的，特別是自東漢末年以來，由於黃巾之禍是以教法糾聚民眾，煽動起事，促成東漢政權的衰亡；因此，不僅曹魏與西晉初對於「淫祀」禁令甚嚴〔註19〕，直到北魏時期，由於曾有多起教亂，士大夫對於行事怪異的僧侶與齋會的反應也較為激烈。他們多主張防微杜漸，深恐佛教勢力爆發成東漢末年的黃巾之亂。

〔註19〕唐長孺，〈魏晉期間北方天師道的傳播〉，《魏晉南北朝史論拾遺》，頁223～
238。

如孝文帝時的盧淵即說：「關右之民，自比年以來，競設齋會，假稱豪貴，以相扇惑。……愚謂宜速懲絕，戮其魁帥。不爾懼成黃巾、赤眉之禍。」〔註20〕又孝明帝時清河王元懌對靈太后的上說中也提到：「昔在漢末，有張角者，亦以此術熒惑當時。論其所行，與今不異。遂能眩誘生人，致黃巾之禍。」〔註21〕若依上一節的分析，被斥為左道的佛教異端實際上是被統治者擬照「淫祀」之流同等對待的，它們對於社會最大的影響，乃至對政權最大的威脅，應當就是大規模動員民眾，鼓動民眾對現實的不滿，成為反抗當時政權的勢力，這也是它們遭到禁斷的根本原因之一。

隋代對於佛教與祠祀在政策上較為寬鬆，但在面臨宗教聚會活動有可能造成社會風俗的質變，進而產生脫序行為，危及政治的穩定時，一樣會採取禁斷的策略以防範於未然。《隋書》〈柳彧傳〉中即有個相當生動而深刻的例子：

> 彧見近代以來，都邑百姓每至正月十五日，作角抵之戲，遞相誇競，至於糜費財力，上奏請禁絕之，曰：「臣聞昔者明王訓民治國，率履法度，動由禮典。非法不服，非道不行，道路不同，男女有別，防其邪僻，納諸軌度。竊見京邑，爰及外州，每以正月望夜，充街塞陌，聚戲朋遊。鳴鼓聒天，燎炬照地，人戴獸面，男為女服，倡優雜技，詭狀異形。以穢嫚為歡娛，用鄙褻為笑樂，內外共觀，曾不相避。高棚跨路，廣幕陵雲，袨服靚粧，車馬填噎。肴醑肆陳，絲竹繁會，竭貲破產，競此一時。盡室并孥，無問貴賤，男女混雜，緇素不分。穢行因此而生，盜賊由斯而起。浸以成俗，實有由來，因循敝風，曾無先覺。非益於化，實損於民，請頒行天下，並即禁斷。……敢有犯者，請以故違勑論。」詔可其奏。〔註22〕

正月十五日即元宵節，這項節日在性質上屬於民間的節慶活動，其中雖然未見有祈祝鬼神等字眼，但從「充街塞陌，聚戲朋遊。鳴鼓聒天，燎炬照地，人戴獸面，男為女服，倡優雜技，詭狀異形」的活動內容來看，和英、美地區的萬聖節活動相似。據柳彧描述，這項風俗不僅行於隋朝都邑，外州也有舉行，因此，可以說是跨地域性的節慶活動。且從「內外」與「緇素」等字

〔註20〕《魏書》，卷四十七〈盧玄傳〉，頁 1048。
〔註21〕《魏書》，卷二十二〈孝文五王列傳・清河王懌〉，頁 591～592。
〔註22〕《隋書》，卷六十二〈柳彧傳〉，頁 1483～1484。

眼來看，或可推測當時應該也有佛教僧侶參與，雖然這可能並非佛教的齋會活動。柳彧認為「穢行因此而生，盜賊由斯而起」，著重點在於強調風俗的浸壞，實質上也正是指向民亂產生的根源。

從上舉的幾條資料中，我們也可以看到若干經濟與心理這兩個方面的影響，例如柳彧所說的「肴醑肆陳，絲竹繁會，竭貲破產，競此一時」，即是因為舉辦活動而耗費大量貲財。這點在東漢末年青州、濟南一帶之城陽景王祠的祠祀活動中，也可看到類似的例子，《三國志‧魏書》〈武帝紀〉載：

> 賈人或假二千石輿服導從作倡樂，奢侈日甚，民坐貧窮，歷世長吏無敢禁絕者。〔註23〕

在祠祀的耗費上，常因相競獻祭酬神，特別是商賈之間，造成奢靡的風氣，這點應該是在經濟上統治者禁斷「淫祀」的理由。

其次，在心理影響的因素上，主要就如北魏盧淵與清河王元懌所說的：「競設齋會，假稱豪貴，以相扇惑」及「遂能眩誘生人，致黃巾之禍」，他們所指的煽惑或眩誘，有些成份應是針對批評時政，挑起民眾對現實的不滿，有些則如佛教之宣稱轉輪聖王的治世，或道教之傳布聖君李弘再世，以烏托邦的國度吸引民眾。不過，除了這類的心理影響外，有些祠祀因為有巫覡從中活動，以鬼神之道造成民眾心理的恐慌，如戰國時期的西門豹於鄴水懲治巫覡〔註24〕、東漢的第五倫在會稽案論依託鬼神詐怖愚民的巫祝〔註25〕，都是顯著的例子。總之，不論是以神鬼之道搧動民眾起義，或者巫祝用以詐怖民眾，以「淫祀」為惑民而應加以禁斷的觀念，在各個時代可以說是相當普遍的。〔註26〕

二、禁斷「淫祀」的法令依據

此處想進一步探討的是，除了祀典的規範之外，在推行禁斷「淫祀」時，主要是以哪些法令作為依據。在禮典的詮釋中，不論是「其神不在祀典」或「越份而祭」，都是非禮的，但是非禮的祭祀行為未必屬於非法，亦即在國家的法制之下，未必有明文規定「淫祀」觸犯什麼律條。那麼統治者是如何推

〔註23〕《三國志‧魏書》，卷一〈武帝紀〉，頁4。

〔註24〕相關的討論可參考渡邊義浩，《後漢國家の支配と儒教》，第四章〈祭祀〉，頁236～240。

〔註25〕《後漢書》，卷四十一〈鍾離宋寒列傳‧第五倫〉，頁1396～1397。

〔註26〕至少到唐初陳子昂猶如此揭示：「巫鬼淫祀營惑於人者，禁之。」《新唐書》，卷一○七〈陳子昂傳〉，頁4069。

行禁斷「淫祀」的措施呢？我們可以從若干實例中來觀察。

　　前述東漢末由於黃巾勢力猶在，曹操對「淫祀」屢下嚴令禁斷，至曹魏時，文帝與明帝繼承這項政策，分別於黃初五年（224）與青龍元年（233）下詔不得設非禮之祭，魏文帝的詔令如是宣示：

　　　　自今其敢設非禮之祭，巫祝之言，皆以執左道論，著于令。〔註27〕

此處，「非禮之祭」與「巫祝之言」被比附於「左道」，因此，它們之所以定罪的根據乃是被視爲左道之流，這道詔書末尾並要求將此項規定著錄於「令」。此詔書後來執行的情形正好有個例子可以參照，據《三國志‧魏書》〈司馬芝傳〉載：

　　　　明帝即位，賜爵關內侯。頃之，特進曹洪乳母當，與臨汾公主侍者
　　　　共事無澗神繫獄。卞太后遣黃門詣府傳令，芝不通，輒敕洛陽獄考
　　　　竟，而上疏曰：「諸應死罪者，皆當先表須報。前制書禁絕淫祀以正
　　　　風俗，今當等所犯妖刑，辭語始定，黃門吳達詣臣，傳太皇太后令。
　　　　臣不敢通，懼有救護，速聞聖聽，若不得已，以垂宿留。由事不早
　　　　竟，是臣之罪，是以冒犯常科，輒敕縣考竟，擅行刑戮，伏須誅罰。」
　　　　帝手報曰：「省表，明卿至心，欲奉詔書，以權行事，是也。此乃卿
　　　　奉詔之意，何謝之有？後黃門復往，慎勿通也。」〔註28〕

此事發生於魏明帝即位後，曹洪乳母與臨汾公主侍者因共事無澗神而入獄。陳寅恪指出無澗神疑本作無間神，即佛教的地獄神。他並從陳壽將佛教的無間神列爲制書中的「淫祀」之一，推論佛教在當時民間流行的程度〔註29〕。司馬芝謂二人觸犯「妖刑」，乃是依據「前制書禁絕淫祀以正風俗」的命令，這裡所謂的「前制書」很可能就是指魏文帝黃初五年著於令的詔書。司馬芝對二人觸犯妖刑的處理是「輒敕縣考竟，擅行刑戮」，再從他上書明帝陳言的情形來看，顯然曹洪乳母與臨汾公主侍者是被判死刑的，刑罰可以說是相當地重。因此，可以推測，在曹魏時期人民「淫祀」不僅違禮、無福，尚且可能遭受刑戮，也就是說「淫祀」不僅非禮，亦是非法的行爲。

　　由於「淫祀」非法，它的境遇不僅遭禁斷，奉行「淫祀」的人尚須接受刑戮，這並非是曹魏時期才有的現象，石趙時，著作郎王度奏禁斷「趙人悉

〔註27〕《宋書》，卷十七〈禮志〉，頁487。
〔註28〕《三國志‧魏書》，卷十二〈司馬芝傳〉，頁388。
〔註29〕陳寅恪，〈魏志司馬芝傳跋〉，《金明館叢稿二編》（臺北：里仁書局，1982年），
　　　　頁82。

不聽詣寺燒香禮拜，以遵典禮」，有違犯者，「與淫祀同罪」〔註30〕。那麼，在他上書奏請禁斷佛教禮拜之時，「淫祀」是否已經是非法而有罪的行為呢？據《晉書》〈石勒載記〉，石勒時期確實曾「禁州郡諸祠堂非正典者皆除之」〔註31〕，故答案可能是肯定的。從這裡，我們大致可以確定說，禁斷「淫祀」所根據的通常是皇帝的詔書，在上舉的曹魏司馬芝的例子中，詔書的命令成為法律繩治「淫祀」的根據，並被確實地執行過。不過，從詔書到法律的過程可能還得再稍加說明。

在傳統中國，皇帝詔書是法令律條的來源之一，在部分的詔書中，皇帝可能要求有司將詔書內容進一步法規化，成為律令的一部分。「禁淫祀」詔著於令的情形應該也是如此，但是其間的繁簡程度與詳細的內容，因史料有限，無法深入考察，此處僅就數條資料稍加說明。前舉魏文帝黃初五年詔中，曾言「著于令」，這即是詔書轉為法令或法條的例子，在前引南朝陳後主的詔書中，我們也可看到類似的內容：

> 又僧尼道士，挾邪左道，不依經律，民間淫祀袄書諸珍怪事，詳為
> 條制，並皆禁絕。〔註32〕

該詔書亦要求將詔書的指示「詳為條制」，即是將禁斷「淫祀」法條化，可以說，「令」與「條制」即均是成文法的性質。不過，有時候詔書雖未要求將指示法條化，詔書本身即具有命令與法律的效力，如前引隋代柳彧的上書中說：「敢有犯者，請以故違勅論。」其中「勅」字與「敕」字相通，均是指皇帝的命令。總之，禁斷「淫祀」的法令依據，除了皇帝所下的詔令外，也有成文法的法律規範，在這種情形下，行「淫祀」不僅違禮，而且是違法的。

三、道德、事功的要求

以非禮或非法為由禁斷「淫祀」，雖然幫我們了解執行禁斷的根據，但這種合禮或合法與否的二分法，顯然未能呈現許多地方官吏或士人禁斷「淫祀」的理念。地方官吏與士人在位階上不若朝廷統治者（以皇帝為代表），他們是實際面對民眾的風俗，親自執行禁令的人，在理念上與態度上便較朝廷統治者多了幾分曲折的呈現，這在皇帝嚴峻、絕然的詔書中是未可見的。

朝廷禁斷「淫祀」的理由之一是要改正風俗，且除了禁斷，相對地也有

〔註30〕《晉書》，卷九十五〈藝術傳‧佛圖澄〉，頁2487。
〔註31〕《晉書》，卷一○五〈石勒載記〉，頁2748。
〔註32〕《陳書》，卷六〈後主叔寶紀〉，頁108。

旌表建祠的對象，這些受祀者有的是古代的聖王賢德，有的是當世惠政澤被於民的循吏，爲這些聖賢之士立祠樹碑，與禁斷「淫祀」一樣都有鼓勵民眾、勸善風俗的用意。因此，在禁斷「淫祀」的過程中，對於受祀者的資格便會有所甄辨，主要的考量係在於他們的道德與事功。宮川尚志對受祀者的德性有更詳細的對分，如稱爲聖賢善士多具有「道德、權力、聲望、幸福、善美」的特質，相反的作惡之徒則爲「惡德、破損、禍殃、欠陷」〔註33〕。前者是統治者所推許的，後者則是作爲鑑戒的對象，但民間在祠祀時往往以實際利益的獲取爲考量，不作明顯的道德區分。宮川之文中舉了《水經注》中酈道元對帝舜之弟象的評語，他說：

> 余所聞也，聖人之神曰靈，賢人之精氣爲鬼，象生不慧，死靈何寄
> 乎？〔註34〕

儘管據傳象廟對於興雲布雨甚有靈驗，卻還是免不了酈道元從他的德行所進行的批評與質疑。這也反映了民間禱祈多方，有時但求實質利益的獲取，而不論祭祀對象之資格與屬性的傾向。以下對舉兩個例子，更可凸顯出地方官吏對於人鬼祠廟之興廢上的取捨態度。《漢晉春秋》曰：

> 鍾離意相魯，見仲尼廟頹毀，會諸生於廟中，慨然歎曰：『蔽芾甘棠，
> 勿翦勿伐，況見聖人廟乎！』遂躬留治之。〔註35〕

又《北齊書》〈魏蘭根傳〉載：

> 魏蘭根，鉅鹿下曲陽人也。……丁母憂，居喪有孝稱。將葬常山郡
> 境，先有董卓祠，祠有柏樹。蘭根以卓凶逆無道，不應遺祠至今，
> 乃伐柏以爲槨材。人或勸之不伐，蘭根盡取之，了無疑懼。〔註36〕

鍾離意以孔子爲聖人而祠廟頹毀，歎引《詩經》詠召公之「蔽芾甘棠，勿翦勿伐」而躬爲修葺祠廟。北齊魏蘭根則批董卓爲凶逆無道，不應有祠廟爲他奉祀。周召公惠政澤民，恩及甘棠；董卓之惡，殃及祠旁之柏。同爲饗祀人鬼的祠廟，同爲無知的植物而境遇懸殊，實是一大強烈對比。

除了酈道元與魏蘭根外，北朝士大夫或地方官吏對受祀對象的道德與事

〔註33〕宮川尚志，〈水經注に見えた祠廟〉，《六朝史研究（宗教篇）》，頁373～374。
〔註34〕《水經注》，卷三十八〈湘水〉，頁473。
〔註35〕見《後漢書》〈郡國志〉引《漢晉春秋》文，頁3430。
〔註36〕《北齊書》，卷二十三〈魏蘭根傳〉，頁329。宮川尚志亦引此條資料，認爲董卓祠不敵於孝道，但就禁斷「淫祀」的觀念而言，本條的重點似應不在此。參見氏著，〈六朝時代の巫俗〉，《六朝史研究（宗教篇）》，頁358～359。

功的批評與認定，亦時有可見，他們的議論根據不盡然相同，有的從禮的角度出發，有些則是理性判斷的呈現。這些例子未必與禁斷「淫祀」有直接的關聯，但從他們具體的言論中，仍有助於我們瞭解當時士大夫或地方官對於若干「淫祀」或民俗的態度。據《洛陽伽藍記》〈平等寺〉載：

〔廣陵王恭〕贈太原王（爾朱榮）相國、晉王，加九錫，立廟於芒嶺首陽。上有周公廟，世隆欲以太原王功比周公，故立此廟。廟成，爲火所災。有一柱焚之不盡，後三日雷雨，震電霹靂，擊爲數段。柱下石及廟瓦皆碎於山下。復命百官議太原王配饗。司直劉季明議云不合。世隆問其故，季明曰：「若配世宗，於宣武無功；若配孝明，親害其母；若配莊帝，爲臣不忠，爲莊帝所戮。以此論之，無所配也。」世隆怒曰：「卿亦合死。」季明曰：「下官既爲議臣，依禮而言；不合聖心，俘翦惟命。」議者咸歎季明不避強禦，莫不歎伏焉。〔註37〕

河陰之役後，爾朱榮位極心驕，功高意侈，他原有意徙莊帝於晉陽，不料於北魏永安三年（530）爲莊帝所殺。其後，爾朱世隆與爾朱兆攻陷京師，把持朝政，至廣陵王恭（簡閔帝；531）即帝位，始爲爾朱榮贈封追爵。此處爲爾朱榮立廟，乃是爾朱世隆所主導。爾朱世隆立廟的用意在於藉由追比前賢典範（周公輔成王）的作法，向世人昭告爾朱榮的功績。在楊衒之的敘述中，此廟前遭火災，後遇雷擊，僅剩一堆斷瓦碎石，暗喻著以爾朱榮的行徑而立廟受饗，實不容於天地之間。爾朱世隆除了爲爾朱榮追爵、立廟外，尚下命令百官議論爲爾朱榮配饗於太廟之事，亦著意在名份上給予爾朱榮功臣的地位〔註38〕。值得注意的是，爾朱世隆乃北魏時期漢化較淺的羯族〔註39〕，但在爲爾朱榮爭取名位時，所循用的途徑與名目卻全然是中原禮制的套數，甚至在劉季明據禮駁議爾朱榮配饗的資格時，他雖然憤怒地以死威脅，但在於禮

〔註37〕 楊勇，《洛陽伽藍記校箋》，卷二〈平等寺〉，頁102。
〔註38〕 北魏太和十六年冬十月有詔以功臣配饗太廟（《魏書》，卷七〈高祖紀〉，頁171）。當時入祀者有崔玄伯、長孫嵩、穆崇與陸麗等人（參見各本傳），此禮於北齊時亦見續行。關於大臣配饗太廟較早的事例，在曹魏明帝青龍元年（233）時已可見之。陳戍國則以《尚書》〈盤庚〉所載上溯其源至殷商盤庚時期。參見《魏晉南北朝禮制研究》（長沙：湖南教育出版社，1995年），頁30。
〔註39〕 據姚薇元考證，爾朱氏本爲羯胡，《魏書》多曲折之筆，書中所謂「契胡」（《魏書》，卷七十四〈爾朱榮傳〉，頁1643），實乃「羯胡」的異譯。見氏著，《北朝胡姓考》（北京：中華書局，1962年），頁360～362。

背違的情形下，似乎也推展莫由。於此，除能見到當時士大夫據禮而議受祀者的資格外，也爲我們提供了一項評估北魏北亞舊部漢化程度的參考資料。

上舉諸例都是針對人鬼祠祀而言，至於其它性質的神祇，在議論上則略有曲折，以下略舉兩個例子作爲說明。前文（第二章第一節）曾述及天神與地祇有神性人格化的發展趨向，經過人格化之後的神祇，在某些方面被賦予人的形象、世俗官爵、家庭組織與婚姻嫁娶等人間的特性；因此，士大夫或地方官吏在議論這些神祇的資格時，亦經由這類轉化而得以就其德行而批評。如北魏孝武帝時（532～534），裴粲即以海神在爵位上低於方伯爲藉口而不願致禮，《北史》〈裴粲傳〉載：

> 孝武初，出爲驃騎大將軍、膠州刺史。屬時亢旱，土人勸令禱於海
> 神。〔裴〕粲憚違衆人，乃爲祈請，直據胡床，舉盃曰：「僕白君。」
> 左右云：「前後例皆拜謁。」粲曰：「五岳視三公，四瀆視諸侯，安
> 有方伯致禮海神。」卒不肯拜。〔註40〕

「五岳視三公，四瀆視諸侯」的觀念最早可見於《禮記》〈王制〉，至東漢班固作《漢書》〈郊祀志〉〔註41〕時亦曾引述，五岳四瀆在山川諸神中是尤爲尊貴者，因而被視爲等同於三公、諸侯的位階。在這條資料中，若從地方祠祀勢力的角度來看，裴粲顯然是在輿論的壓力下不得已才進行祈請的；亦即他不僅未能有禁斷「淫祀」的主導性作爲，反而屈就於民俗。事實上，「天子祭天下名山大川，……諸侯祭名山大川之在其地者」〔註42〕於禮已有明文，天子尚致祭於山川，方伯又何妨於致禮海神？「五岳視三公，四瀆視諸侯」的說法不過是一種開脫之辭。

另外一則擬神爲人的例子也見於北魏，據《魏書》〈韋珍傳〉載：

> 高祖初，蠻首桓誕歸款，朝廷思安邊之略，以誕爲東荊州刺史。令
> 〔韋〕珍爲使，與誕招慰蠻左。……淮源舊有祠堂，蠻俗恒用人祭
> 之。珍乃曉告曰：「天地明靈，即是民之父母，豈有父母甘子肉味！
> 自今已後，悉宜以酒脯代用。」群蠻從約，至今行之。〔註43〕

韋珍爲了改革淮源一地用人祭祀的習俗，以明靈的天地（神）即是人民之父母爲譬喻，曉告淮源居民，因以酒脯取代人牲，完成他改革蠻俗的目的。韋

〔註40〕《北史》，卷四十五〈裴叔業傳·裴粲〉，頁1651。
〔註41〕《漢書》，卷二十五〈郊祀志〉，頁1193。
〔註42〕孫希旦，《禮記集解》，卷十三〈王制〉，頁347。
〔註43〕《魏書》，卷四十五〈韋閬傳·族弟韋珍〉，頁1013。

珍的曉告即是透過譬喻而曲折地對受祀之神進行德性的認定，從而作爲他禁斷或改革「淫祀」的方針。

以上多方引例譬說，爲「禁斷淫祀」的現象作更深層的分析，從中可以發現，除了「淫祀」一詞本身的概念具多元性的內涵外，「禁斷淫祀」的過程也並非單純地只是官方的一紙命令，而是落實於法律的條制中。此外，士大夫與地方官在面對「淫祀」時，除了以禮作爲議論的根據外，事實上仍有許多隱含或附加的價值觀。從若干案例中，我們已可看到其間的複雜性與豐富性，那麼，在幅員廣闊的中國大地上，移風易俗所觸發的面向，固不是一句「不在祀典，除之」所能道盡的。

第三節　政治教化與祠祀

以祭祀爲中心的儀禮，其原初形態是由民間自然發生的，後來，國家爲確立自己的權威，以民間的祭祀爲母體逐漸形成了國家的祭祀〔註44〕。民間的祭祀活動是自然發生的，國家的祭祀則是有意識的政治統制，但仍具有信仰的內涵。這種信仰內涵除了相信天地鬼神與祖宗神靈能賜福降災外，也認爲祠祀禮儀具體而微地顯示人倫與治國之道。從政治教化的角度來看，上節所述的部分「淫祀」現象只能說是局部的顯現，且是因「禮教不修」而產生，是一種負面的呈現。那麼，政治教化與祠祀的關係尚有哪些面向呢？本節主旨即在進一步探討這項問題。

一、移風易俗——教化的風俗觀

班固在《漢書》〈敘傳〉中有簡潔的幾句話，說明了他撰述〈郊祀志〉的動機，也透露了他對政教關係的看法，他說：

> 昔在上聖，昭事百神，類帝禋宗，望秩山川，明德惟馨，永世豐年。
>
> 季末淫祀，營信巫史，大夫臚岱，侯伯僭畤，放誕之徒，緣間而起。
>
> 瞻前顧後，正其終始。述郊祀志第五。〔註45〕

班固認爲古代的聖君因能善事百神，致得永世豐年；後世淫祀失禮，不僅巫者用事，諸侯、大夫亦僭禮祭祀，其它犯上作亂的行爲也因此滋生。這種思想在郊廟祭祀的議論中具有相當的代表性。

〔註44〕渡邊義浩，《後漢國家の支配と儒教》，頁 236。
〔註45〕《漢書》，卷一○○〈敘傳〉，頁 4242～4243。

從班固的論述中，我們看到了禮教盛世與淫祀亂世的鮮明對比，其間即隱含著政教合一的政治觀。從歷代統治者的施政中，我們似乎可以爲這種政治觀概括出一個模式，當然，就統治者的層級而言，我們可能必須再區分爲朝廷官員與地方官吏來分析，不過，也必須注意到這兩種身分的士大夫是交流的。因此，雖然層級的差異可能會影響他們實際的作爲，但有一種觀念可能是他們所共有的，那就是「上風下化」的風俗觀。西漢末年改革郊祀的匡衡對此即有所論列，《漢書》〈匡衡傳〉載：

> 鄭伯好勇，而國人暴虎；秦穆貴信，而士多從死；陳夫人好巫，而民淫祀；……由此觀之，治天下者審所上而已。……今長安天子之都，親承聖化，然其習俗無以異於遠方，郡國來者無所法則，或見俗靡而放效之。此教化之原本，風俗之樞機，宜先正者也。〔註46〕

所謂的「教化之原本，風俗之樞機」，就是在上位的國君必先從端正政風做起。這種移風易俗的觀念起源甚早，對後世也有深遠的影響，我們可從許多的勸諫奏書中看到類似的觀念，顯然在士大夫層間普遍存在著這種教化的風俗觀。北魏高允的諫言可作爲一個顯例，《魏書》〈高允傳〉載：

> 〔高〕允以高宗（文成帝）纂承平之業，而風俗仍舊，婚娶喪葬，不依古式，允乃諫曰：「前朝之世，屢發明詔，禁諸婚娶不得作樂，乃葬送之日歌謠、鼓舞、殺牲、燒葬，一切禁斷。雖條旨久頒，而俗不革變。將由居上位者未能悛改，爲下者習以成俗，教化陵遲，一至於斯。……夫饗者，所以定禮儀，訓萬國，故聖王重之。……今之大會，內外相混，酒醉喧譊，罔有儀式。又俳優鄙藝，污辱視聽。朝庭積習以爲美，而責風俗之清純。……今陛下當百王之末，踵晉亂之弊，而不矯然釐改，以屬頹俗，臣恐天下蒼生，永不聞見禮教矣。」〔註47〕

高允的諫言中帶有歷史階段性的觀點，蓋文成帝之世，北方已告統一，但風俗仍舊，不依循古式。他希望文成帝能體認到身當「百王之末，踵晉亂之弊」的處境，矯然釐改，以勵風俗。在儒教之士的觀念中，政衰國敝之時，禮教崩壞，社會風俗亦趨向頹靡。因此，當政治穩定，勤修禮教以導民化俗成爲統治者致力推行的政務。

〔註46〕《漢書》，卷八十一〈匡張孔馬傳·匡衡〉，頁3335。
〔註47〕《魏書》，卷四十八〈高允傳〉，頁1073～1075。

二、政治教化的施行

在上述的教化風俗觀的基礎下，我們可以大致得到一個概念，那就是統治者認爲風俗的良窳與在上位者的施政有關，教化的風俗觀實際即是一種由上而下的政教指導。這些指導的內容與方式，尚可細分爲聖王教化、神道設教與禁斷淫祀等三個方面，聖王教化是以儒家聖王之道爲施政內容，神道設教原來的意涵也大略如此，但後來則多強調「神道」，遂成爲一種政治謀略的應用，禁斷淫祀則本屬聖王教化的一環，但就施行方式而言，是採禁斷或限制的手段，與其它施政的性質不同，因而單獨列出。本節即意圖透過這些施政來考察政治教化與祠祀的關係，唯有關禁斷淫祀的部分已於前節先行論述，以下再就聖王教化與神道設教二項分別闡述。

（一）聖王教化

從上引班固與高允的言論中，我們無法確知所謂的聖王生存於什麼時代，或者他們只是一種寓託而不存在的理想典型。不過，從中我們也可以看到一個共同點，那就是祭祀禮儀的施行。如班固所說的「昔在上聖，昭事百神，類帝禋宗，望秩山川」，所作的正是祭祀天地鬼神的活動；而高允除了解釋「夫饗者，所以定禮儀，訓萬國，故聖王重之」外，更指出這些措施正是可以敦勵頹俗的禮教。祭祀禮儀並不能完全涵蓋聖王教化的內涵，但無疑的，它在許多方面係配合政令來推行的。如晉武帝泰始四年（268）的詔書載：

> 夫國之大事，在祀與農，是以古之聖王躬耕帝藉，以供郊廟之粢盛，且以訓化天下。〔註48〕

文中標舉國家有兩件大事，一是祭祀，一是農事，詔書作者並巧妙地將二者關聯起來，亦即古代聖王躬自耕種的藉田禮，象徵性地率天下以勤事於農作；而後將收成的農作物供作郊廟祭祀時的粢盛，崇德於天地，致孝乎鬼神（主要指宗廟祭祀中的祖先）。設壇祠祀而後耕種的藉田之禮，後代多所奉行，除了藉田之外，社稷、靈星、風師與雨師等祭祀，也都與農事有關。這些祠祀活動或由中央，或由地方官吏實行，除了祈望農穫豐實外，也負載著訓化天下的意義。在此，我們看到了政治教化的實質面，也就是在政令推行的背後，郊廟祠祀具有輔助教化的功能，這點我們可以在其它施政的內容中得到印證。

〔註48〕《晉書》，卷十九〈禮志〉，頁589。

　　除了勸興農事之外，與政治教化關係較密切的尚有幾項措施，如興立學校、提倡節儉、薄葬、禁淫祀與旌表先賢等，且除了興立學校一項與祠祀較無直接關係外，其它各項都或多或少與祠祀的活動有關。興立學校在政治教化中屬於較爲積極而有建樹性的措施，意圖透過教育的方式，以所謂聖王之道提高人民的教養。如北魏文成帝有意置學官於郡國，令高允與中書、秘書二省參議上奏，高允即上表說：

> 臣聞經綸大業，必以教養爲先……自永嘉以來，舊章殄滅。……道業陵夷，百五十載。……宜如聖旨，崇建學校以屬風俗。使先王之道，光演於明時；郁郁之音，流聞於四海。〔註49〕

興建學校的功用當然也有許多種，但高允所強調的卻在於獎勵風俗、光演先王之道。這是個由中央設置學官於郡國的例子，在許多地方官吏的施政中，興立學校與其它各項施政可以說是相互爲用的，且從漢代至北朝（甚至其後的時代），我們可以看到十分相似的施政內容。這類例子甚多，以下分別選取東漢、三國與北齊三個時期的資料作爲比對〔註50〕。《後漢書》〈宋均傳〉：

> 宋均字叔庠，南陽安眾人也。……至二十餘，調補辰陽長。其俗少學者而信巫鬼，均爲立學校，禁絕淫祀，人皆安之。〔註51〕

《三國志·蜀書》〈許靖傳〉：

> 又與嚴君平、李弘立祠作銘，以旌先賢。脩學廣農，百姓便之。〔註52〕

《北齊書》〈循吏傳·蘇瓊〉：

> 朝吏文案之暇，悉令受書，時人指吏朝爲學生屋。禁斷淫祀，婚姻喪葬皆教令儉而中禮。〔註53〕

第一個例子與辰陽居民少學而信巫鬼的風俗有關，興立學校與禁絕淫祀並行。第二個例子中，修學與旌賢立祠、廣農並行。第三個例子則除了旌賢修廟、敦勸農桑外，並禁斷淫祀。在北魏相州刺史李安世與燕郡太守盧道將的施政中，也可以看到大致相似的施政內容。《魏書》〈李安世傳〉：

> 〔李安世〕出爲安平將軍、相州刺史、假節、趙郡公。敦勸農桑，

〔註49〕　《魏書》，卷四十八〈高允傳〉，頁1077～1778。
〔註50〕　《三國志·魏書》，卷二十七〈徐邈傳〉：「然後率以仁義，立學明訓，禁厚葬，斷淫祀，進善黜惡，風化大行，百姓歸心焉。」頁379～740。
〔註51〕　《後漢書》，卷四十一〈鍾離宋寒列傳·宋均〉，頁1411。
〔註52〕　《三國志·蜀書》，卷三十八〈許靖傳〉，頁967。
〔註53〕　《北齊書》，卷六十四〈循吏列傳·蘇瓊〉，頁644。

禁斷淫祀。西門豹、史起，有功於民者，爲之修飾廟堂。〔註54〕

《魏書》〈盧道將傳〉：

〔盧玄〕長子道將，字祖業，……出爲燕郡太守。道將下車，表樂毅、霍原之墓，而爲之立祠。優禮儒生，勵勸學業，敦課農桑，墾田歲倍。〔註55〕

綜合這些資料，我們似可以歸納出一個以祠祀作爲輔佐的政治教化模式，主要的內容就是興立學校、旌賢立祠、敦勸農桑與禁斷淫祀等四項。祭祀與農事的關係，於前已論；興立學校可以廣開民智，有助於「淫祀」的禁除，固不待多言。至於旌賢立祠，前文在談及祠祀的特性時，曾引《禮記》說明在儒家的觀念中，入祀的主要條件是勤事、有功於國或民，這裡則針對這類祠祀對於政治教化的作用稍加補充。祀先賢而有益於教化的觀念，同樣地在《禮記》中已經出現，其文曰：

祀先賢於西學，所以教諸侯之德也。……五者，天下之大教也。〔註56〕

值得注意的是，關於祭祀先賢的祠所，此處所言是在西學，而非如上述特立的廟堂。後世被祀於學官者通常是以孔子爲首的儒教人士，北魏太武帝始光三年（426），即於平城之東起太學，祭祀孔子，並以顏淵配饗〔註57〕。根據《禮記》的說法，在周代封建社會，祀先賢是用來教化諸侯，漢代以降，教化的對象則變成了一般士民，且如前所述，是作爲一種輔助政化的措施。例如北魏孝文帝曾問高祐：「比水旱不調，五穀不熟，何以止災而致豐稔？」他答說：「但當旌賢佐政，敬授民時，則災消穰至矣。」〔註58〕高祐顯然也以爲旌表賢者有佐助教化的效能，若能「敬授民時」，當可止災患而致豐稔，是從教化與務實的角度來面對災害問題。

此外，那些致力於祠祀教化的官吏，在他們離去或死後，地方百姓因懷德、崇賢等因素往往爲他們立祠饗祀（尚生存者爲生祠，已死者則爲祠堂）。這些實行祠祀教化、表彰前賢的人後來又成爲被旌表的對象，在無形中即形成一種惠政民官的典型。在士大夫階層的人生價值觀中，死後受朝廷旌表而

〔註54〕《魏書》，卷五十三〈李孝伯傳・李安世〉，頁1176。
〔註55〕《魏書》，卷四十七〈盧玄傳・盧道將〉，頁1051。
〔註56〕據孫希旦的說法，先賢指「學之先師」，西學爲「瞽宗」，指音樂方面的先祖。《禮記集解》，卷四十六〈祭義〉，頁1231。
〔註57〕《魏書》，卷四〈世祖紀〉，頁71。
〔註58〕《魏書》，卷五十七〈高祐傳〉，頁1261。

得立祠於地方，也成為一種榮譽與肯定成就的指標。北魏孝武帝永熙二年
（533）李興業奏請朝廷為其師徐遵明贈諡追爵的表文中即說：「天爵所存，
果致式閭之禮；民望攸屬，終有祠墓之榮。」〔註59〕設廟立祠的風氣至少可
以追溯至漢代，如《襄陽記》說：「自漢興以來，小善小德而圖形立廟者多矣。」
〔註60〕由於受奉祀者多以道德、事功或冤屈不平的際遇而昭顯於世，因此，
這類地方祠廟便或多或少地承載著民間對這些人物的價值判斷，反映出當地
民意的趨向。宮川尚志認為這種祠祀模式具有強烈的神政觀念，很容易演變
成反抗現實政治的教亂〔註61〕。其中勢力最大而具威脅性的應屬東漢末年青
州的城陽景王祠，僅單一神祠便在青州諸郡衍生至六百餘所，曹操對城陽景
王祠的摧擊，乃是對於這股民間勢力未雨綢繆性的防範〔註62〕。北朝時期的
教亂則多舉佛教彌勒與道教李弘為名，由祠廟而聚眾起事的尚未得見，這點
除了與祠祀信仰的性質及祠廟祠祀被賦予政治教化的屬性有關外，可能與統
治者屢次禁斷「淫祀」，以及管制祠廟祀地的擴散（統治者對人鬼祠廟的限地
祭祀政策，參見下節），打擊了地方祭祀的力量有關。或者也反映出地方祭祀
的勢力與活動形態有了某些改變，這點頗值得進一步深入探究。

又，由於各地方或多或少都有這類先賢的祠堂，許多新到任的官員往往
會到這些祠堂致祭。他們之所以這麼做，可能的動機很多，一則是這些先賢
祠反映著地方人民對於官員政績的評判，對於後到任的官員多少帶有範示與
惕勵的作用；再則這些先賢的道德、事功即是人格與成就的一種典範，致祭
者也可能是出於憑弔與崇賢的意念而前往。而且，在教化的風俗觀中，崇敬
先賢也具有勸民勵民的作用。因此，新任官員至祠堂致祭，其意義與旌表先
賢的用意實有相通之處。如前引盧道將出任燕郡太守，下車表樂毅、霍原之
墓，而為之立祠，是即以崇祀先賢為施政要務之一。又如《魏書》〈高允傳〉
所載：

> 尋授……懷州刺史。允秋月巡境，問民疾苦。至邵縣，見邵公廟廢
> 毀不立，乃曰：「邵公之德，闕而不禮，為善者何望。」乃表聞修葺
> 之。允於時年將九十矣，勸民學業，風化頗行。然儒者優遊，不以
> 斷決為事。後正光中，中散大夫、中書舍人河內常景追思允，帥郡

〔註59〕《魏書》，卷八十四〈儒林傳・徐遵明〉，頁1855～1856。
〔註60〕《三國志・蜀書》，卷三十五〈諸葛亮傳〉，頁928。
〔註61〕宮川尚志，〈水經注に見えた祠廟〉，《六朝史研究（宗教篇）》，頁376～377。
〔註62〕《三國志・魏書》，卷一〈武帝操〉，頁4。

中故老，爲允立祠於野王之南，樹碑紀德焉。〔註63〕

前文論述已有多次引高允言論爲例，此處則可以看到他在地方施政時的具體措施。高允年高德邵，望重朝野，晚年任懷州刺史時，「勸民學業，風化頗行」。常景爲河內人〔註64〕，河內乃懷州的一郡，野王又是河內郡的一個縣〔註65〕。透過這層關係，我們如此推測，身爲朝廷官員的常景之所以率領河內郡的故老爲高允立祠，除了他自身對高允的追思外，也可能是因爲他的鄉民將緬懷高允的心意傳達給常景，促由常景出面推動立祠樹碑的事務。高允卒於太和十一年（487），至正光年間（520～524），其間至少相隔十三年以上。這是一則由朝廷官員推動地方官祠堂興建的特殊例子。

最後，必須說明的是，爲先賢立祠的觀念應是從中央貫徹到地方的，興立祠堂的工作則多由地方官吏執行。據隋煬帝大業二年（606）五月乙卯所下詔書記載：

> 旌表先哲，式存饗祀，所以優禮賢能，顯彰遺愛。朕永鑒前修，尚想名德，何嘗不興歎九原，屬懷千載。其自古已來賢人君子，有能樹聲立德、佐世匡時、博利殊功、有益於人者，並宜營立祠宇，以時致祭。墳壟之處，不得侵踐。有司量爲條式，稱朕意焉。〔註66〕

旌表立祠的行爲大部分是經由朝廷下詔表彰，地方官吏爲先賢立祠，往往也須經由這道程序。但是，民間私立或官吏自行擅立的情形也是有的，參見下節所引白起、伍子胥祠等例。隋煬帝此份詔書可能即是想將這種行之已久的傳統禮制化，形諸條文，具例可循。

（二）神道設教

「神道設教」一詞最早可見於《周易》〈觀卦〉，其文曰：

> 觀，盥而不薦，有孚顒若。象曰：「大觀在上，順而巽，中正以觀天下。觀盥而不薦，有孚顒若，下觀而化也。觀天之神道，而四時不忒，聖人以神道設教，而天下服矣。」〔註67〕

爲了解上文的意思，我們可以比照《周易》〈繫辭〉中的一段文字：

〔註63〕《魏書》，卷四十八〈高允傳〉，頁1086。
〔註64〕《魏書》，卷八十二〈常景傳〉，頁1800。
〔註65〕懷州下領有二郡，一是河內郡，一是武德郡。河內郡在今河南省境內，洛陽市的東北方，野王縣即今之沁陽縣。《魏書》，卷八十二〈地形志〉，頁2480～2481。
〔註66〕《隋書》，卷三〈煬帝紀〉，頁66。
〔註67〕《周易》，卷三〈觀卦〉，頁59～60。

古者包犧氏之王天下也，仰則觀象於天，俯則觀法於地，觀鳥獸之
文，與地之宜，近取諸身，遠取諸物，於是始作八卦，以通神明之
德，以類萬物之情。〔註68〕

〈繫辭〉所言是製作八卦的起始以及它的用途，〈觀卦〉則是解「觀」卦的意
義，兩者的共同點正是「觀而後作」的過程。觀者即在上的聖人與王者，被
觀者是天地鳥獸等自然之物（〈觀卦〉所謂的「觀天下」意亦類此），觀後之
所得，一爲「天之神道」，一爲「八卦」（〈繫辭〉中述其用途在於「以通神明
之德，以類萬物之情」，實質上與〈觀卦〉所謂的「天之神道」意亦相近）。
經過這樣的比對，我們也可以看到它們相似的結果，那就是「天下服」與「王
天下」，則聖王據以設教的所謂「天之神道」之內涵，似乎可以推論是一種因
觀察天地鳥獸自然之跡所領悟的治化之理，雖有「神道」與「神明」之稱，
內容未必涉及鬼神祭祀之事。以下舉例作爲說明。

　　在承平之世，朝廷爲求嫡系政權之地位與根本的穩固，對於旁支分封的
諸侯，或勢凌宗室的異姓往往加以析分，挫弱他們的勢力。《東觀漢記》所載
杜林的疏文即說：

及漢初興，上稽舊章，合符重規，徙齊諸田，楚昭、屈、景，燕、
趙、韓、魏之後，以稍弱六國強宗。……追觀往法，政皆神道設教，
強幹弱枝，本支百世之要也。是以皆永享康寧之福，無怵惕之憂，
繼嗣承業，恭己而治，蓋此助也。〔註69〕

如果把「神道設教」解爲鬼神祭祀相關的意義，從引文中我們可能很難瞭解
這種「強幹弱枝」的做法與「神道設教」有何關係。的確，若不將杜林的疏
文通讀一遍，實在難以將兩者聯結。原來，杜林所用的「神道設教」一詞乃
是它在《周易》的本意，他說：

臣聞先王無二道，明聖用而治。見惡如農夫之務去草焉，芟夷蘊崇
之，絕其本根，勿使能殖，畏其易也。古今通道，傳其法於有根。
狼子野心，奔馬善驚。……〔註70〕

東漢光武帝建武初年，杜林與陳元、桓譚、鄭興等人，俱爲學者所宗〔註71〕。
他撰有《蒼頡故》和《蒼頡訓纂》，在當時是著名的小學家，屬於古文經學家。

〔註68〕《周易》，卷八〈繫辭下〉，頁166。
〔註69〕據《後漢書》〈五行志〉所附《東觀漢紀》，頁3306～3307。
〔註70〕《後漢書》，志十五〈五行志〉所附《東觀漢紀》，頁3306～3307。
〔註71〕《後漢書》，卷三十六〈鄭范陳賈張列傳‧陳元〉，頁1230。

以他的經學造詣，如此詮釋「神道設教」的原意應有可信之處。杜林所述的先王之道，乃是觀法自然所得的「神道」，概略來說有三點：（一）斬草除根；（二）狼子野心；（三）奔馬善驚。在引例中，杜林認為漢初遷徙六國強宗於舊地，絕其本根，不令他們的勢力積聚繁衍，正是「斬草除根」此一神道的運用。

經過上面的辨釋，我們大致可以得知，「神道設教」的原意應與「聖王教化」是相近且相通的；然而，後世運用此語者多著重在「神道」，使鬼神的成份加重，乃致偏向地延伸出新的內涵。新莽之世，方望勸隗囂設立漢高祖廟，稱臣祭祀，即是個顯著的例子。《後漢書》〈隗囂傳〉載：

〔隗〕囂既立，遣使聘請平陵人方望，以為軍師。望至，說囂曰：「足下欲承天順民，輔漢而起，今立者乃在南陽，王莽尚據長安，雖欲以漢為名，其實無所受命，將何以見信於眾乎？宜急立高廟，稱臣奉祠，所謂『神道設教』，求助人神者也。……」〔註72〕

方望認為隗囂沒有天命的基礎，無法得到人民的擁戴，唯有透過建立漢高祖廟而稱臣祠祀，方能名正言順地取得受命之名實。對於這種策略，他自己即明白地說是一種求助於人神的「神道設教」。類似的行徑在前述之匈奴劉淵稱漢後血裔的例子中也可以看到，當時劉淵建立漢高祖以下三祖五宗神主而加以祭祀，主要應是一種策略權謀的運用。

北朝時期也可以找到幾條為實際的政治目的而求助人神的例子，如北齊陸法和與慕容儼利用士卒們的神祀信仰以激發其戰鬥的士氣，茲因配合祠廟功能的論述，實例的詳細內容請參照第四章第二節。

第四節　祠祀與政治禁忌

如前所述，祠祀信仰是由民間自發性而產生的祭祀活動，國家以制作祀典，規範其祭儀用度而確立自己的威權；然而，屬於民間的祭祀活動仍不斷地發展，其中以人鬼崇拜的祠祀較具政治性的爭議。日本學者宮川尚志認為：人民慰祀有德行而遭禍陷死之人，表現出當時代人的政治批判，祠廟信仰即明白地顯示政治與祭祀尖銳的交錯面〔註73〕。祠祀教化是上對下的布政

〔註72〕《後漢書》，卷十三〈隗囂公孫述列傳‧隗囂〉，頁514。
〔註73〕宮川尚志，〈水經注に見えた祠廟〉，《六朝史研究（宗教篇）》，頁375。

宣化，民間興祠有時則是下對上的政治批判，因此，若有忠而受謗，遭誣而冤死者，由朝廷立廟追祀，或允許門生故舊祭祀即是平反的重要指標。晉武帝時，段灼仗義上疏爲鄧艾平反，即其顯著的例子。他的疏文說：

> 故征西將軍鄧艾，心懷至忠，而荷反逆之名；平定巴蜀，而受三族之誅，臣竊悼之。惜哉，言艾之反也！以艾性剛急，矜功伐善，而不能協同朋類，輕犯雅俗，失君子之心，故莫肯理之。臣敢昧死言艾所以不反之狀。……陛下龍興，闡弘大度，受誅之家，不拘鮮用，聽艾立後，祭祀不絕。昔秦人憐白起之無罪，吳人傷子胥之冤酷，皆爲之立祠。天下之人爲艾悼心痛恨，亦由是也。謂可聽艾門生故吏收艾尸柩，歸葬舊墓，還其田宅，以平蜀之功，繼封其後，使艾闔棺定諡，死無所恨。赦冤魂於黃泉，收信義於後世，則天下徇名之士，思立功之臣，必投湯火，樂爲陛下死矣！〔註74〕

鄧艾是曹魏平定蜀漢的功臣，段灼則是追隨鄧艾伐蜀而建軍功者，他認爲鄧艾「心懷至忠，而荷反逆之名；平定巴蜀，而受三族之誅」，實在是因爲鄧艾個性剛急，矜功伐善，得罪於朋輩，以致於受冤屈而死卻無人爲他追理、平反。文中所舉喻的白起與伍子胥，也都是類似而顯著的例子。他們的死在政治上也許是無辜的犧牲者或政爭下的失敗者，在民意的評議中卻博得同情與憐憫的饗祀，這種立祠饗祀的評議無形中會造成一股民意的壓力；故而，所謂的「平反」常常是爲了順應民情之所向，實質上也是統治者安撫羈縻之策略的運用。不過，也有可能是改朝換代之後，政治環境丕變所致。

　　東漢以來，爲賢德者立廟祠祀的風氣甚盛，對統治者而言，有些敏感人物之祠廟的設立與否，及其設立地點的考量，均頗費思慮。以蜀漢諸葛亮爲例，《襄陽記》中說：

> 亮初亡，所在各求爲立廟，朝議以禮秩不聽，百姓遂因時節私祭之於道陌上。言事者或以爲可聽立廟於成都者，後主不從。步兵校尉習隆、中書郎向充等共上表曰：「臣聞周人懷召伯之德，甘棠爲之不伐；越王思范蠡之功，鑄金以存其像。自漢興以來，小善小德而圖形立廟者多矣。況亮德範遐邇，勳蓋季世，王室之不壞，實斯人是賴，而蒸嘗止於私門，廟像闕而莫立，使百姓巷祭，戎夷野祀，非所以存德念功，述追在昔者也。今若盡順民心，則瀆而無典，建之

> 京師，又偪宗廟，此聖懷所以惟疑也。臣愚以爲宜因近其墓，立之
> 於沔陽，使所親屬以時賜祭，凡其臣故吏欲奉祠者，皆限至廟。斷
> 其私祀，以崇正禮。」於是始從之。〔註75〕

諸葛亮「德範遐邇，勳蓋季世，王室之不壞，實斯人是賴」，可以說相當符合
於前引《禮記》〈祭法〉中「法施於民則祀之，以死勤事則祀之，以勞定國則
祀之」的原則，其不得合法立祀，也正是因爲他的功高震主，故言「建之京
師，又偪宗廟，此聖懷所以惟疑也」，後主的顧忌乃是現實處境的政治考量。
石趙時，類似的例子卻有不同的詮釋，據《晉書》〈石勒載記〉載：

> 勒下書曰：「寒食既并州之舊風，朕生其俗，不能異也。前者外議以
> 子推諸侯之臣，王者不應爲忌，故從其議，儻或由之而致斯災乎！
> 子推雖朕鄉之神，非法食者亦不得亂也，尚書其促檢舊典定議以
> 聞。」〔註76〕

此事的起因在於某日因暴風大雨襲震趙國京城，又有冰雹起自西河介山，介
山有介子推的祠廟，因而有人懷疑這場災禍是介子推神靈怒動所造成。寒食
風俗據傳係因介子推而起，原本可能只是西河介山一帶的風俗，後來廣傳於
其它各地〔註77〕。在此次大災的前一年，石勒曾下令禁斷寒食，因而產生介
子推神靈作祟的疑慮〔註78〕。介子推以一個臣子的地位而普受天下的饗祀，

〔註75〕《三國志·蜀書》，卷三十五〈諸葛亮傳〉裴注，頁928。

〔註76〕《晉書》，卷一○五〈石勒載記〉，頁2749～2750。

〔註77〕關於寒食的起源，裘錫圭認爲應與古代改火的習俗有關，改火活動中有用新
點燃的火焚燒代表穀神的人牲的習俗，後來改火的習俗消失了，人們爲了解
釋寒食的起源，因而編出介子推焚死的傳說。參見裘錫圭，〈寒食與改火——
介子推焚死傳說研究〉，《文史叢稿——上古思想、民俗與文字學史》（上海：
遠東出版社，1996年），頁90～121。

〔註78〕前註裘錫圭之文中曾列舉漢代到南北朝幾位統治者想改變寒食風俗的事例，
但他並未說明統治者爲什麼要禁斷寒食，不過，從他的研究與所引魏武帝〈明
罰令〉可以推知，由於「改火」被認爲具有療疾與去毒的作用，又有祭牲的
儀式，因此，寒食可能也具有一些宗教上或巫術上的意義。而且，至少自曹
魏以來即有傳說雹雪之災是廢寒食所致，原因是介子推遷怒作祟，這種說法
在統治者的眼中無異於妖言惑眾，介子推以忠賢之名，未被列爲「淫祀」，寒
食則可能被視爲「淫俗」。這應是禁斷寒食的主因之一。其次，據魏武帝〈明
罰令〉說：「聞太原上黨西河鴈門冬至後一百有五日，皆絕火寒食，……北方
沍寒之地，老小羸弱，將有不堪之患。」這點則是從寒食對民眾生計的實質
影響所作的考量。參《玉燭寶典》，卷二引魏武帝〈明罰令〉（北京：中華書
局，1985年），頁121～122。又東漢周舉任并州刺史時也有相似的情形，他
並作弔書告介子推廟，還復溫食。見《後漢書》，卷六十一〈左周黃列傳·周

朝議認爲「諸侯之臣，王者不應爲忌」，這個說法也得到石勒的認可，因此，當時并州雖禁寒食，但介子推得受祠饗祀如故。此時則因懷疑風災雨雹是介子推爲崇所致，故而下令翻檢舊典以驗明其合法與否。

雖然「諸侯之臣，王者不應爲忌」的觀念使介子推得以饗祀如故，但在祭祀的範圍上卻受到了限制。禁斷寒食之前，它原本是石趙境內（從雹災的範圍推算，至少包括太原、樂平、武鄉、趙郡、廣平與鉅鹿等地）普遍性的風俗，後來有官員又以「子推歷代攸尊，請普復寒食，更爲植嘉樹，立祠堂，給戶奉祀」奏陳，但遭到黃門郎韋謏的駁斥，他說：「以子推忠賢，令縣、介之間奉之爲允，於天下則不通矣。」〔註79〕縣、介是介子推生前活動過較重要的兩個地方，他認爲由這一帶的居民奉祀介子推是允洽的，不應普遍通行於天下。最後，石勒採納韋謏的意見，介子推僅爲并州一地奉祀的神祇。至北魏孝文帝太和二十年（496）二月癸丑的詔書中，仍昭示「介山之邑，聽爲寒食，自餘禁斷」〔註80〕，將寒食風俗限定於介山一地，策略上與石勒實有相通之處。從上述的討論中可見，即使像介子推這種相沿已久的先賢祠祀，當他們的祭祀活動影響到政治的安定，造成統治者的疑慮時，雖然未必會被全面地斷絕，但它們的發展範圍卻往往遭受到限制。

前述禮典中只提及人鬼入祀的條件，至於他們的祭祀地點則未有詳細的規定。雖然禮典上無明文記載，但從後世對這類人鬼祠廟的態度看來，將它們視爲地方性神祇似乎是寖久成俗的舊例。再就前舉諸葛亮一例而言，最後的解決之道乃是將祠祀地點限定在墓所附近，以免勢逼京師。這種限地祭祀的做法頗符合人鬼祠廟的特性，因爲大部分的人鬼祠廟都是地方性的祭祀，故不失爲統治者化解政治矛盾的良方。不過，並非任何祠廟都有這種問題，只有少數事涉敏感者才會引發這種爭議。譬如本章第一節所述，北魏時劉芳認爲周公廟與夷齊廟皆世爲洛陽界內神祠，若移祀於太常，則恐有乖違本末之虞，因爲太常所祭祀的是郊廟神祇，自有常限；但孝文帝卻認爲二廟自先朝置立以來，已成爲一種舊慣，姑且可以從舊而不須改易〔註81〕。可見當代設立的祠廟因事關政治意識形態的爭議，較易有認可與否的問題，古代的祠廟則因已轉化成風俗舊慣，不具對當代政權的威脅性，即便違禮侵入太常祭

舉〉，頁2024。

〔註79〕《晉書》，卷一○五〈石勒載記〉，頁2750。

〔註80〕《魏書》，卷七〈高祖紀〉，頁179。

〔註81〕《魏書》，卷五十五〈劉芳傳〉，頁1224～1225。

祀之列，亦能因襲舊例而饗祀不斷。

　　從上舉諸例的說明與論述中可以發現，許多祠祀禁忌的產生都是具有政治的因素。就祠祀的對象而言，如諸葛亮與介子推等人，論功績與德行，均有足供欽敬之處，在受祀的資格上應是合格的，但由於若干敏感性的因素而得不到朝廷的認可。民間自發性地爲他們立祠奉祀，統治者起初採取禁斷的措施（就統治者的立場，自可判之爲「淫祀」），後來迫於輿情的壓力而稍加寬放，但對於民眾的祠祀仍多加防範，因而採取限地祭祀的措施。這些事例雖然不是發生在北朝時期，但這種政治與祠祀信仰的關係在各代應是有共通性的，且有助於我們探索人鬼祠廟之地方性格的形成。人鬼祠廟之地方性格的形成顯然有多元多樣的因素，不過，在許多先天條件與環境因素之外，筆者相信統治者因畏懼祠祀勢力擴張而採限地祭祀的策略，可以說是助長這種性格形成最主要的人爲因素。有關祠廟的地域性與跨地域性的論述，詳見下章。

第四章　北朝的祠廟

　　祠廟爲祠祀信仰中具體而可見的祭祀中心，分布於各地，其致祭活動雖有官方的定祀或特祀，然而，祠廟多屬地方性發展起來的祭祀活動，正史禮志諸篇所載的祠祀則多爲中央郊祀與宗廟制度，對於民間祠祀的活動幾乎不著筆墨。因此，若想瞭解北朝祠廟的信仰情況，只能求助於分散於諸史傳的零星記載。

　　所幸，北朝時期有兩份相當珍貴而集中的資料——《魏書》〈地形志〉與《水經注》，爲我們提供了不少祠廟方面的記錄，藉此我們可以爲祠廟的類型進行區分，統計各類祠廟的數量，進而估算不同類型的祠廟所占有的相對比例。爲便於研究工作的進行，筆者先將這兩份資料分類、統計，製作成表，統計部分放於正文中便於解說參照，至於分類的詳細資料則置於文末的附錄。本章即是藉由這兩份資料做基礎，參考諸史傳所載的祠廟活動，除了論述各類祠廟的特性，探討祠廟的功能，推測當時祈祀的願目所在，也將幾所數量較多的祠廟地點製成地圖，用以窺測祠廟分布的狀況，從而分析單一祠廟流傳與擴展的範圍。以下即分別進行論述。

第一節　祠廟的類型及其特性

　　前文（第一章第二節與第二章第一節）述及神祇分類時，曾提過三種不同的分法，依次是詹鄞鑫以自然界與生命屬性爲分類，次有烏丙安以神祇的特性爲分類，後則有《周禮》〈春官・大宗伯〉以天、地、人爲三種神祇的範疇。其中詹鄞鑫的分類與《周禮》〈春官・大宗伯〉較爲接近，但區分得更爲

細密。本書對官方祠祀的神祇主要依循《周禮》〈春官・大宗伯〉的概念，至於民間祠祀，其祭祀多以單一祠廟爲中心，不似官方祠祀以天地神祇與宗廟之類別構成一個整體的祭祀系統，因此對於祠廟性質有必要進行更深入的分類。爲此，筆者首先括整史料中現存的北朝祠祀，主要以《魏書》〈地形志〉與《水經注》爲主，並予分類與統計，其類型大致可分爲人鬼神祠、山川神祠與其他等共三類，其中人鬼神祠又別分出女性神祠，山川神祠則分爲山神及水神以顯其特性，其他類則含括成分駁雜，多爲神物、巫仙與地方守護神等，茲就其類型與特性分述如下。

人鬼神祠出現的時代頗早，《史記》中已有吳人爲伍子胥立祠的記載，時間至早應可推至春秋末期〔註1〕。至西漢初又有生祠的出現〔註2〕，北朝時可見的例子有北齊的宋遊道〔註3〕，爲生人立祠的行爲應該是衍生自崇賢追祀的概念，通常是百姓感念地方郡守的德政，因設饗祀以爲祈福，佛教傳入之後，遂又有爲生人建寺祈福的行爲。人鬼神祠有官祠與民祠兩種，關於這些人鬼崇祀的思想起源及入祀條目，前文已引《禮記》〈祭法〉加以闡述。此外，秦漢時因盛築帝王陵墓與厚葬風氣，加以封建秩序對於庶民喪葬限制的解體，墓所設立祠堂的情形遂逐漸流行起來〔註4〕。但這類祠堂大多屬於子孫爲祭祀方便而設立，可視爲後世家廟的先河，此舉或有助於人鬼神祠的興盛，然喪祭用途的祠堂與官私設立的先賢祠廟不可相混，前者僅是作爲一般家族的祖先祭祀，後者則超越家族而爲一地區所奉祀，甚至亦有跨地域而普受崇祀者。人鬼神祠的祈祀對象主要是帝王、忠臣賢良、聖賢與傳說修道成仙者，其中以帝王與忠臣賢良的數量爲多，並隨時代演進而遞增，忠臣賢良則又爲新興神祠的主要來源。

〔註1〕據《史記》〈伍子胥傳〉載，伍子胥死後，吳王令人「取子胥尸盛以鴟夷革，浮之江中。吳人憐之，爲立祠於江上，因命曰胥山。」（卷六十六，頁2179～2180）此中所立之祠，在性質上應即人鬼祠廟。若以吳人設立伍子胥祠作爲這類人鬼祠廟的開始，時間至早當可推到春秋末期。

〔註2〕關於最早的生祠，顧炎武列舉石慶、于定國與欒布三人爲例，其中以欒布爲最早，稱爲欒公社。參氏著，《原抄本顧亭林日知錄》，卷二十三〈生祠〉（臺北：文史哲出版社，1979年），頁644。

〔註3〕《北齊書》，卷四十七〈酷吏傳・宋遊道〉，頁655。長部和雄廣蒐自漢至明代的生祠，共計得五十七祠，其中以宋代十一祠最多，明代九祠次之。參氏著，〈支那生祠小考〉，《東洋史研究》九卷四期，1945年11月，頁37～38。

〔註4〕小川貫弌，〈淫屠祠と祠堂〉，《印度學佛教學研究》十九卷二期，1971年3月，頁44。

作爲人鬼神祠的一支，女性神祠的祈祀對象主要有兩大類：一是以德行見稱的后妃或聖賢之母，前者如堯妃中山夫人、舜妃娥皇與女英，後者如顏母廟祀奉孔子母親與李母廟祀奉老子的母親，顯示古人對於女性價值仍著重在婦德的表現。二則是具有神祇色彩的女性，如西王母、女媧、秦穆公之女與巫山神女。第一類的來源主要來自上古，少數如戰國時楚國的女嬃（傳說爲屈原之姊），因依附賢者而受人崇祀，然其來源較少，發展有限。第二類雖也有傳自上古神祇，然新興的神祇亦不少，如《水經注》中有三座「女郎祠」，其餘如美人廟、聖女廟等，可能均因該女生前的靈異傳說而受人立祠崇祀，最顯著的例子是戰國時趙國長陵女子變爲神君的故事〔註5〕。這類女性神祇未必是后妃或道德崇高者，主要係以其靈異傳說爲立祠動因，是後世女性神祇的主要來源。〔註6〕

山川祭祀具有長久的歷史，有學者推測應不會晚於以農業爲主的仰韶文化時代，在考古文物中，殷墟甲骨卜辭也有相當多祭河的記錄〔註7〕。有關山川祭祀的儀式，據《尚書》言：「望于山川」〔註8〕，意謂遙望而祭山川。秦時的祭山以瘞牲爲禮，祭川則多沉璧致祀，似以山川本身爲祭場，故山川神祠的出現似是較爲晚後的事。周初分封諸侯之後，山川祭祀似已有尊卑之分，除了天子所祭的名山大川外，也有諸侯各境內的大小山川。至戰國時，山岳中最尊者爲五岳，東岳泰山（或作岱山）、西岳華山、中岳嵩山、北岳恆山（漢代改稱常山）與南岳霍山（後改爲衡山）；川澤中最尊者爲四瀆（江、河、淮、濟），五岳四瀆歷來並稱，其禮制則有「五岳視三公，四瀆視諸侯」〔註9〕的說法，乃山川祠祀中的主要對象。五岳之下又有四鎮，川澤之屬尚有海與湖，山川祭祀的範圍則隨王朝疆域的大小而變易。在正規的望祀之禮外，山川祠祀信仰另有將山川神擬人而神格化的發展，山川神爲祟的傳說較早可見的例子爲春秋時晉國的汾、洮之神臺駘；秦始皇末年則有山鬼托使者還璧於鎬池君的傳說〔註10〕。這兩項記載顯示，山川之神的形象已從自然現象蛻化

〔註5〕《史記》，卷十二〈孝武本紀〉：「神君者，長陵女子，以子死悲哀，故見神於先後宛若。宛若祠之其室，民多往祠。」頁452。
〔註6〕可參林富士，〈六朝時期民間社會所祀「女性人鬼」初探〉，《新史學》七卷四期，1996年12月，頁95～117。
〔註7〕詹鄞鑫，《神靈與祭祀——中國傳統宗教綜論》，頁66~68。
〔註8〕《十三經注疏（二）·尚書》（臺北：藝文印書館，1955年），頁36。
〔註9〕鄭玄曰：「視，視其牲器之數。」參《禮記集解》，卷十三〈王制〉，頁347。
〔註10〕前者見《史記》，卷四十六〈鄭世家〉，頁1772。後者見同書卷六〈秦始皇本

爲類似人形的神祇，並被認爲能參與於人事的變化，具有爲祟致疾或預言未來的能力。東晉孝武帝太元八年（383），苻堅率軍南下攻晉時，會稽王道子曾「以威儀鼓吹求助於鍾山之神，奉以相國之號」〔註12〕，這是較早的事例，較大規模的封敕則至唐初始見。佛教傳入之後，僧傳中更有山神皈依護法的描寫，山神頗多爲人鬼轉化而擔任者，其性質與禮典所言之山川禱祀大不相同，或許應歸入上述神祇人格化發展的脈絡。此乃本土宗教信仰與佛教之間的交涉，詳見下節的論述。

　　山、川祭祀從來並稱，但在祠廟的數量上卻顯得山神多而水神少，筆者將《魏書》〈地形志〉中的山神祠略分爲四項，分別爲五岳山神、人名山神、動物名山神與其他類。如前所述，山神最尊者爲五岳，故五岳祠祀是歷代山川祭祀所不可少的，附錄四中雖僅見太山與華山兩座，但北魏時，嵩岳與恆岳均有祭祀的記錄。四鎮之名早見於《周禮》〈大司樂〉，據鄭玄的說法，四鎮分別是揚州會稽山、青州沂山、幽州曁無閭山與冀州之霍山，唯該祠廟資料中卻僅錄有霍山一祠。以人物命名者，其因多起於該人物曾於此山活動，其所祀之山神可能被擬爲該人物的化身。如《水經注》〈濟水〉引劉成國《徐州地理志》：

> 〔周王〕遣使至楚令伐之，〔徐〕偃王愛民，不鬥，遂爲楚敗，北走彭城武原縣東山下，百姓隨之者萬數，因名其山爲徐山。山上立石室，廟有神靈，民人請禱焉。依文即事，似有符驗，但世代綿遠，難以詳矣。〔註13〕

徐山因徐偃王而得名，山上石室所奉祀的對象很可能就是徐偃王。類似的例子尚有堯山祠，據傳堯因巡狩登此山，後人遂以堯名山〔註14〕。以動物名山者，可能多是緣於山形類似某動物而得名，如白鹿山、狼山、雞頭山與鵲山等。其他類爲數最多，命名亦無原則可循。從分類上來看，除了五岳山神有一系統外，其餘諸山神祠本身並無條理可言，其立祠奉祀當爲地方自發性的活動。

　　水神祠亦可分爲三項，分別是泉神、河澤神與海神，其中以河澤神爲最多，泉神次之，海神最少。《水經注》中有兩條海神的資料，一是《三齊略記》

　　　紀〉，頁 259。
〔註12〕《晉書》，卷一一四〈苻堅載記〉，頁 2918。
〔註13〕《水經注》，卷八〈濟水〉，頁 114。
〔註14〕《水經注》，卷二十六〈淄水〉，頁 340。

所載秦始皇於海中作石橋，海神爲他豎柱的故事；一是費長房劾東海君於葛陂的傳說〔註15〕，然僅有事跡，似未見有奉祀海神的神祠。這現象顯然反映出古代中國仍以內陸農業生活爲主，海洋的活動並不活躍。值得注意的是，不論是在《魏書》〈地形志〉或是《水經注》中，水神祠的數量均遠少於山神祠。對於這個現象，筆者認爲應從山神與水神的性格來分析，雖然禮典中將山川祭祀合而言之，然在實際的祈祀中，祈雨多向山神廟求，祀水神而求雨的例子並不多見。就筆者所搜得的水神資料中，僅見東漢順帝陽嘉三年（134）曾因河南、三輔大旱，有令司隸、河南禱祀河神、名山、大澤的例子，唯此例亦以山川並禱。對於天子欲祀河伯以求雨，周舉則以晏子諫魯僖公的話以爲助言，他說：

> ……魯僖遇旱，而自責祈雨；皆以精誠轉禍爲福，自枯旱以來，彌歷年歲，未聞陛下改過之效，徒勞至尊暴露風塵，誠無益也。又下州郡祈神致請，昔齊有大旱，景公欲祀河伯，晏子諫曰：「不可，夫河伯以水爲城國，魚鱉爲民庶，水盡魚枯，豈不欲雨？自是不能致也。」……誠宜推信革政，崇道變惑……。〔註16〕

晏子以河伯爲水國之君作譬喻，認爲魚鱉猶如河伯的子民，如今齊國大旱，河伯若能致雨，自不會坐視水盡魚枯。由此推知，河伯既無能致雨，祭祀河伯以求雨亦是無用的。周舉又援引前代的例子，推崇「皆以精誠轉禍爲福」的態度，他並希望順帝能改過自省，莫要徒勞於祭祀。有此反例，更可反映出祀河神以求雨的例子實在並不多。

水神的祈祀大部分皆與洪災有關，如《水經注》中記載著秦代李冰和西漢文翁與江神搏鬥的傳說〔註17〕，又如西漢時因河水盛溢，泛浸瓠子金隄，爲恐大水爲害，王尊親率吏民祀水神與河伯，並親執圭璧，使巫策祝，請以身填金隄〔註18〕。他的行爲與前述東漢戴封與諒輔等人自焚求雨的行徑有相通之處，均以自身作爲犧牲來祈雨或禳災（參第二章第二節）。王尊的義行在

〔註15〕前者見於《水經注》，卷十四〈濡水〉，頁190；後者見卷二十一〈汝水〉，頁269。費長房的傳說又見《列異傳》：「費長房能使神，後東海君見葛陂君，淫其夫人；於是長房敕繫三年，而東海大旱。長房至東海，見其請雨；乃敕葛陂君出之，即大雨。」收錄於《魯迅全集（八）‧古小說鉤沉》（北京：人民文學出版社，1973年），頁252。
〔註16〕參《後漢書》，卷六十一〈左周黃列傳‧周舉〉，頁2025～2026。
〔註17〕《水經注》，卷三十三，頁415～416。
〔註18〕《漢書》，卷七十六〈趙尹韓張兩王傳‧王尊〉，頁3237。

南朝梁時得到始興王蕭憺的效法，時江溢堤壞，蕭憺說：「王尊尚欲身塞河堤，我獨何心以免。」於是「刑白馬祭江神，俄而水退堤立」〔註19〕；東魏高岳攻潁川時，爲修築堰堤，「作鐵龍雜獸，用厭水神」〔註20〕。就祈祀目的而言，對水神的祭祀多反映出對於洪災的恐懼，希望能平息水患，以保身家性命，這種對洪水的恐懼有長久的淵源〔註21〕。從川澤產生洪災的現象而言，人們對水神的想像則傾向於詭異無常，不似山神那麼穩定沉靜，所以伍員與文種死後被傳說比擬爲潮神。又晉時鄧艾的受祀與此頗有異曲同工之妙，據《水經注》〈渭水〉載：

> 〔渭水〕又東逕陽侯祠北，漲則祠之。此神能爲大波，故配食河伯也，後人以爲鄧艾祠。〔註22〕

諸例均將這些受冤屈的人物聯繫到能夠引發洪災的水神，以洶湧的波濤暗示著沉冤而死的忿怒。山岳則因高聳入天際，其上雲霧繚繞，容易給予人們具有興雲致雨的神能，雨旱調順與否與農事關係甚大，因此，山神廟的普遍存在即暗示了對雨旱調順的強烈需求。人們對雨水的需求是日常性的，而在大部分地區洪水只是偶發的，由於祠祀是欲求的呈現，因此，從現實需求量（即祈雨與抗洪）的多寡，我們也許可以推測山神祠多於水神祠這種現象產生的原因。

其他類型的神祠祭祀的對象有自然神與神物，如大頹石神、五石神、風伯祠與鐵柱神等，《水經注》中則載有怒特祠（其神本南山大梓）、大樹神廟與火井廟（祠）等項。其次，我們也可看到一些地域的守護神，如里城神、城頭神與燕趙神等，其中里城神與城頭神的稱呼很容易令人聯想到城隍神。據日本學者窪德忠的說法，城隍神的信仰可能源起自八蜡中的水庸（水是隍，庸是城），但城隍神的信仰是從三國時代以後才開始的〔註23〕，梁武陵王時

〔註19〕《梁書》，卷二十二〈太祖五王傳·始興王憺〉，頁354。

〔註20〕《北史》，卷六十二〈王思政傳〉，頁2207。

〔註21〕中島成明也認爲水因具有破壞性與反逆的傾向，被視爲有神靈而成爲畏敬的祭祀對象。他以鯀傳說爲例，說明鯀除了具有河神的原初性格外，尚有反社會的性格（盜上帝息壤、被視爲四凶之一），這是鯀作爲惡神傳說的理由，由此，他推論鯀是洪水暴溢現象的人格化。參氏著，〈支那古代洪水傳說の成立〉，《支那學》十卷三期，1942年9月，頁43～72。

〔註22〕伍子胥與文種之例見《水經注》，卷四十，頁497。鄧艾之例見同書卷十九〈渭水〉，頁239。宮川尚志亦有所論列，參氏著，〈水經注に見えた祠廟〉，《六朝史研究（宗教篇）》，頁375～376。

〔註23〕窪德忠，《道教と中國社會》（東京：平凡社，1948年），頁173。

（552）已可見祭祀城隍的活動，大約同時的北齊天保年間（551～559），江陵城內也見有城隍神的祭祀（詳見下節引慕容儼之例）〔註24〕。從地域分布來看，城隍神起初流行的地方似乎較多在南方〔註25〕，但從「里城神」與「城頭神」這些稱呼，我們或許可以推測，它們是北朝時期的城鎮守護神，相較於南朝，似乎尚未採用「城隍神」一詞作為專稱。此外，尚有一些不知名的天神地祇，如皇天神、清天神、墠亭神與蒲臺神等。總之，這些神祇來源多方，祈祀的起源、對象與目的亦駁雜〔註26〕，從官方祀典的觀點而言，應多列於淫祀之屬。此類神祠一般而言並不具普遍性，反而較具有地方色彩，且與人鬼或山川神祠未見有互涉的情形，其數量不少，則顯示地方雜祀活動的發達。

　　神祠的祭祀是延續而發展的，然而在歷代禁斷「淫祀」的政策下，神祠的興衰也有很大的起伏變化。本書雖然以北朝祠廟為討論中心，但北朝祠廟實承自前朝而來，故對於前代典故亦涉論不少，藉以明瞭神祠延續與發展的脈絡。神祠的類型容或有更多種，但就大類別來分，相信這三種（或其中更加細分）已能適當地反映出祠祀的特性，從而讓我們更深入地瞭解祠祀的象徵意義。

第二節　與祠廟相關的活動和作用

　　祠廟的類型與特性已如上述，本節想接著探討環繞著祠廟所產生的相關活動。從廣義的角度來看祈祀的心態，有所祈即多少意味著有所求，有關古代中國社會中的宗教心態，蒲慕州曾扼要地說道：「中國古代宗教信仰中最根本而持久的目標，是如何得到個人和家族的福祉，個人又如何能接觸，甚或

〔註24〕《北齊書》，卷二十〈慕容儼傳〉，頁280～281。
〔註25〕據洪德先的說法，起初城隍神的祭祀僅流行於江南一帶，至唐初亦尚未列入祀典，中唐以後，各州郡相繼設立城隍祠，逐漸發展成全國性的信仰。參〈俎豆馨香——歷代的祭祀〉，《中國文化新論（宗教禮俗篇）·敬天與親人》，頁389。
〔註26〕「疑神疑鬼」一詞或可用以形容各種怪異神祀產生的現象，除了前引空桑生李而受人祭祀，祈請療疾的例子，又如三國魏時，邴原「嘗行而得遺錢，拾以繫樹枝，此錢既不見取，而繫錢者愈多。問其故，答者謂之神樹。原惡其由己而成淫祀，乃辨之，於是里中遂斂其錢以為社供。」見《三國志·魏書》，卷十一〈邴原傳〉，頁352～353。

控制超自然力量。」〔註 27〕祠廟作爲一種具體的祭祀中心，它在人們的信仰生活中扮演什麼角色？具備什麼功能呢？在上述各種不同的祠廟中，他們的功能是否有相同或相異之處？又在祠祀的活動過程中，有哪些人物的活動與具體的願目？總之，作爲祠祀信仰的活動場所，祠廟是匯聚眾人的中心，本節所要探討的主題，即在於陳述環繞祠廟的若干祭祀活動、現象及其影響。

一、祈　子

　　古代的求子之神有高禖〔註 28〕，初見載於《禮記》〈月令〉，是天子親祀之禮，然至漢武帝生得太子之後始有實設，漢以後，曹魏、西晉、北魏、北齊與隋均仍有設置高禖的記載。唯自漢至北魏，史書均只記立高禖於城南，至北齊則始設壇於南郊，配祀於青帝，由皇帝率六宮親祀，隋制亦同配祀於南郊。高禖由特置祠壇而發展至成爲南郊祭禮的一環，乃反映出帝室重視子嗣生育的態度。祈求子嗣乃一普遍的祈願，不僅帝王如此，尋常百姓亦復如此，故帝王設有高禖壇，百姓亦可致祠於其旁〔註 29〕。在官方祠祀中，高禖可說是用以祈求子嗣的專職之神，但在民間卻不具普遍性，至少在南北朝時，民間祠祀中並未見有特定職司祈子的神祇，多是就各種神祇或祠廟進行祈求，如匈奴劉淵之母祈子於龍門，氐族苻堅之母祈子於西門豹祠〔註 30〕。李貞德在〈漢唐之間求子醫方試探──兼論婦科濫觴與性別論述〉一文中即指出漢魏六朝以來，求子神佛包括高禖、河鼓織女、九子母和觀音等多種神祇。〔註 31〕

　　關於這種爲了子嗣而多方祈求的現象，多少反映出民間對於祠廟或神祇的功能未有嚴格分工的情形。當這種現象侵入標榜禮樂聖道的孔廟祭祀時，在祠祀功能上，毋寧是個衝突而對比鮮明的例子。據《魏書》〈高祖紀〉載：

〔註 27〕 蒲慕州，《追尋一己之福──中國古代的信仰世界》，頁 16。

〔註 28〕 除了高禖，據《隋書》，卷二十〈天文志〉載，在星象上亦有傳說一星「主章祝巫官也。章，請號之聲也。主王后之內祭祀，以祈子孫，廣求胤嗣。」但在祭祀與流傳上的重要性並不如高禖（頁 550）。

〔註 29〕 《晉書》，卷十九〈禮志〉曰：「元康時，洛陽猶有高禖壇，百姓祠其旁，或謂之落星。」頁 597。

〔註 30〕 參見《晉書》，卷一○一〈劉元海載記〉，頁 2645；卷一一三〈苻堅載記〉，頁 2883。

〔註 31〕 李貞德，〈漢唐之間求子醫方試探──兼論婦科濫觴與性別論述〉之註 12，《中央研究院歷史語言研究所集刊》第六十八本第二分，1997 年，頁 286。

（延興）二年……詔曰：「尼父稟達聖之姿，體生知之量，窮理盡性，
道光四海。頃者淮徐未賓，廟隔非所，致令祠典寢頓，禮章殄滅，
遂使女巫妖覡，淫進非禮，殺生鼓舞，倡優媟狎，豈所以尊明神敬
聖道者也。自今已後，有祭孔子廟，制用酒脯而已，不聽婦女合雜，
以祈非望之福。犯者以違制論。其公家有事，自如常禮。犧牲粢盛，
務盡豐潔。臨事致敬，令肅如也，牧司之官，明糾不法，使禁令必
行。」〔註32〕

在這道詔書中，統治者將孔廟有巫覡與倡優活動的情形，推咎於淮、徐之地
未能歸於北魏的版圖，因此禮章祠典寢廢不修。孔廟乃文教德化的象徵，而
今淪為「女巫妖覡，淫進非禮」，「婦女合雜，以祈非望之福」的神壇，對於
標榜教化的統治者而言，可以說是一種諷刺。北魏統治者對此個例（「淫祀」）
特下詔書嚴禁，除了因淮、徐二地為新賓服的區域外，應該也有意藉由對孔
廟祠祀的清整，達到伸張禮教、崇興文德的目的，以確立本朝官方祠祀的「正
信」。不過，撇開官方的意圖，從巫覡與婦女活動於孔廟的現象，正好也顯
示民間祠祀者在祈祀時，以功利為導向，對於這種官廟性質濃厚，且有政治
教化意味的孔廟，似乎也沒有加以辨擇。

二、祈　雨

　　一般而言，官方祠祀中的神祇具有較為固定的職司功能，如前述的靈星
為祈田之神、高禖為祈子之神，這可能與它在禮制上的體系化有關。不過，
在以農為主的社會，由於對雨旱的調順有迫切性的需求，除了祈田的靈星與
祈雨雩的祠祀外，祈雨的對象往往也擴及其它類型的神祇，其中，對山神祠
祀的數量即占有相當高的比例。事實上，具有祈雨功能的神祠並不限於雩祀
或山神祠，因此，當逢遇乾旱時，凡能興雲致雨者，悉為祠祀所及的對象。
那麼，究竟有那些神祇或神祠具有興雲致雨的功能呢？據《隋書》〈禮儀志〉
載，北齊官方祠祀中有如下一張清單：

又祈禱者有九焉：一曰雩，二曰南郊，三曰堯廟，四曰孔、顏廟，
五曰社稷，六曰五岳，七曰四瀆，八曰滏口，九曰豹祠。水旱癘疫，

〔註32〕《魏書》，卷七〈高祖紀〉，頁136。此段資料未明言婦女祈福的具體內容，但
　　　　唐・封演的《封氏聞見記》則稱當時婦人多於孔廟祈子，可見確有婦人於孔
　　　　廟祈子的情形。參見李貞德，〈漢唐之間求子醫方試探——兼論婦科濫觴與性
　　　　別論述〉之註13所引，頁286。

皆有事焉。〔註33〕

從這九項的性質來分類，雩乃祈雨的專祭〔註34〕，五岳、四瀆亦被視爲能興雲致雨，此二者又與南郊、社稷均爲天地祭祀的一環，其餘堯、孔、顏廟與豹祠則屬人鬼神祠，滏口的性質不詳，然於此則爲特見之例。西門豹祠與滏口的祭祀被同列於雩、郊、社稷與孔、顏的祭祀之列，似爲北齊時所特有，應爲地域性因素所致〔註35〕。此清單乃朝廷所擬訂，具有與祀典相同的效力，因此，對於其禱祀對象、祈求目的，以及兩者間的關聯性，頗有值得細究之處。雩、五岳與四瀆所具有的祈雨功能載於禮典，固不待論，但堯、孔、顏、豹等人鬼祠廟何以亦成爲祈雨之神祠？向人鬼乞求降雨的思想於《禮記》〈月令〉已可見到：

> 命有司爲民祈祀山川百源，大雩帝，用盛樂，乃命百縣雩祀百辟卿
> 士有益於民者，以祈穀實。〔註36〕

引文所見對於百辟卿士的祭儀係與山川祭祀及雩祀並提，共同的目的在於祈求穀實，顯然是農事耕作上對於降雨的祈求。前言民間祠祀對祠廟或神祇的功能未有嚴格分工，在祈雨功能這點上，官方祠祀顯然也有類似的情形。在以農業爲主體的傳統社會，由於雨旱的調節與否對農作的收穫情形有關鍵性的影響，從天神、地祇到人鬼均具有祈雨功能，更加顯示出祈雨功能在諸神祠的重要性。因此，或可以說，神祠功能的附加或轉移係依人們的需求而決定的，此語亦可適用於前引孔廟之例。

山川神的功能除了祈雨之外，有幾點是必須補充的。山川作爲廣大、深厚的自然物，蘊藏豐盛的資源，但隱藏了許多危機，也萌生了一份神秘感，使人們對山、川懷有敬畏的心理，這是山、川祭祀產生的原因之一。根據劉

〔註33〕《隋書》，卷七〈禮儀志〉，頁127。

〔註34〕關於雩祀，據金子修一的研究，漢代的雩祀是地方郡縣舉行的祭祀，在晉代則由皇帝親自主持，爲五精帝祭祀的一環，至南齊時並以亡帝配祀，北魏亦有此現象，且原本是不定期的，從北齊至隋方確定四月爲祭月，成爲每年舉行的定期祭祀。此中顯示的訊息是，雩祈的祭祀制度逐漸完善，作爲皇帝的祭祀，重要性大增。參氏著，〈關於魏晉到隋唐郊祀、宗廟制度〉，《日本中青年學者論中國史》（六朝隋唐卷）（上海·上海古籍出版社，1995年），頁372～374。

〔註35〕漳、滏爲北齊晉陽附近的重要河川，滏口則爲一處重要的隘口，祈於滏口可能是當地的信仰而爲統治者所援用。西門豹祠係漳河岸的一處神祠，然因鄰近北齊都城，故其地位大爲提高，高歡即曾於此宴集百僚。

〔註36〕孫希旦，《禮記集解》，卷十六〈月令〉，頁450。

暉原與鄭惠堅的分類，人們對山神祭祀的性質主要有三種：一是採集狩獵性質的祭祀，二是為求雨舉行的祭祀，三是因祭天而興起的名山祭祀〔註37〕。對於採集狩獵的性質，窪德忠也提出類似的說法，認為山神具有維持山的平安的功能，也作為狩獵神，受獵人、樵夫、農夫所崇拜〔註38〕。不過，劉、鄭的解說更為詳細，他們說道，人們在觀念上認為草、木、土、石、鳥、獸等物皆為山神所屬，若要開山墾田，採藥摘果或狩獵畜牧，是皆取給於山神，為求人神和諧與一己的平安，故致牲祭祀。此外，在佛教與道教的觀念中，山神也多被認為是道法的守護神的角色，詳見下章。

三、取信與動員──神道設教

　　前文論述祠祀信仰與政治的關係時，曾專節談到祠祀的教化作用，廣義而言，此亦是祠祀功能運作的一環。有關移風易俗與聖王教化的部份，前面已舉多項例子說明，此處僅就「神道設教」一項略加補充。前文曾對「神道設教」一詞在《周易》的本義與衍用義進行疏解的工作，這裡所舉的例子主要是它衍用義的部份。「神道設教」基本上是站在統治者立場的政治策略，乃有所為而利用祠祀信仰的一種手段，其出發點本不在宗教信仰的心態。北齊時，活躍於南、北兩地的陸法和便是善用此策者，《北齊書》〈陸法和傳〉載：

> 〔侯〕景遣將任約擊梁湘東王於江陵，法和乃詣湘東乞征約，召諸蠻弟子八百人在江津，二日便發。湘東遣胡僧祐領千餘人與同行。法和登艦大笑曰：「無量兵馬。」江陵多神祠，人俗恒所祈禱，自法和軍出，無復一驗，人以為神皆從行故也。〔註39〕

觀陸法和所率之軍，其成員為「諸蠻弟子八百人」，可知此人在江陵一帶的蠻族間具有相當大的影響力，連湘東王也冀望藉用他的力量以對抗侯景。陸法和本人具有若干神異的傳說，能預言，有奇術，引例中，江陵民眾因祈禱無驗，甚至認為諸神已從行於陸法和的軍隊；如果將領本身未具有神奇異能的傳說性格，則大多直接利用神祠的禱祀以徵得民信。北齊天保六年（555）時，陸法和率其部下以郢州城投降北齊，梁朝大都督侯瑱、任約率水陸軍攻

〔註37〕劉暉原、鄭惠堅，《中國古代祭祀》，頁61～80。
〔註38〕窪德忠，〈道教の神様〉，《道教と中國社會》，頁187。
〔註39〕《北齊書》，卷三十二〈陸法和傳〉，頁427～428。

城，時「人信阻絕，城守孤縣，眾情危懼」，慕容儼除了「導以忠義，又悅以安之」之外，也利用士卒崇信城隍神的心理以激勵士氣。據《北齊書》〈慕容儼傳〉載：

> 城中先有神祠一所，俗號城隍神，公私每有祈禱。於是順士卒之心，乃相率祈請，冀獲冥祐。須臾，衝風欻起，驚濤涌激，漂斷荻洪。
>
> （任）約復以鐵鎖連治，防禦彌切。儼還共祈請，風浪夜驚，復以斷絕，如此者再三。城人大喜，以為神助。〔註40〕

依《漢書》〈地理志〉所載，江陵即故郢都，古為楚地，其俗「信巫鬼，重淫祀。」〔註41〕前引陸法和之例亦云：「江陵多神祠，人俗恒所祈禱。」江陵人民既多信巫鬼，禱祀神祠，陸與慕容二人因勢利導，同以「神道設教」為其動員與激勵江陵士卒的策略，當非偶然。類似的策略在隋時仍再度被利用，而被煽動的對象也是楚人，顯示楚地「信巫鬼，重淫祀」的風俗從漢至隋一直延續存在。《隋書》〈王充傳〉載：

> 未幾，李密破〔宇文〕化及還，其勁兵良馬多戰死，士卒皆倦。充欲乘其敝而擊之，恐人不一，乃假託鬼神，言夢見周公，乃立祠於洛水之上，遣巫宣言周公欲令僕射急討李密，當有大功，不則兵皆疫死。充兵多楚人，俗信妖妄，故出此言以惑之。眾皆請戰。
>
> 〔註42〕

作為神祇的周公與楚地士卒的關係也許很單薄，王充之所以假託周公為神，可能與周公神的信仰在洛水一帶的興盛有關。前述北魏劉芳論置祠遠近時，可以見到周公廟世為洛陽界內神祇（參見第三章第一節）；而河陰之役後，爾朱世隆為爾朱榮立廟於芒嶺首陽，山上舊有周公廟，世隆欲以爾朱榮的功績比美周公，故立此廟〔註43〕。由此或可進一步推論，北朝時周公神在洛陽一帶的信仰可能具有相當的勢力，而這種勢力讓由南入北的楚地士卒也感受到，因此，王充透過巫者的傳說便能取信於士卒，激起士卒奮勇請戰的決心。以上三例均是「神道設教」的顯著例子。

〔註40〕《北齊書》，卷二十〈慕容儼傳〉，頁280～281。
〔註41〕《漢書》，卷二十八〈地理志〉：「楚有江漢川澤山林之饒……江陵，故郢都，西通巫、巴，東有雲夢之饒，亦一都會也。」頁1666。
〔註42〕《隋書》，卷八十五〈王充傳〉，頁1897。
〔註43〕楊勇，《洛陽伽藍記校箋》，卷二〈城東・平等寺〉（臺北：正文書局，1982年），頁102。

四、憑弔與慰藉——人格典範的作用

此外，人鬼祠廟所奉祀的古聖先賢，由於德行可風，除了統治者利用來作爲獎善、敦勸人民的教化目的，在士人的眼中，這些祠廟不僅止是樹立前賢的典型，成爲效法、追隨或憑弔的對象，在同氣相求、相與爲善的觀念中，似乎也具有肯定自我的意味。以下舉《魏略》中的一則資料作爲說明：

> 〔田豫〕會病亡，戒其妻子曰：「葬我必於西門豹祠邊。」妻之難之，言：「西門豹古之神人，那可葬於其邊乎？」豫言：「豹所履行與我敵等耳，使死而有靈，必與我善。」妻子從之。〔註44〕

田豫遺言要求妻子將自己葬在西門豹祠邊，乃是有意識地以德行相尙，認爲西門豹的生平履行與自己爲疇類，人死之後，魂靈有知，在另一個世界必定會相與爲善的。他的想法具有士人「上友古人」的觀念，也是以前賢作爲肯定自己的憑依。相對而言，他的妻子認爲西門豹是古代的神人，豈可葬臨於他的祠廟旁邊，則顯示出民間祠祀對古賢祠廟的一種神靈觀，人與神是有距離而不可狎近的。

又，前文論述祠祀信仰的政治禁忌時，曾引宮川尙志的觀點，指出人民慰祀有德行而遭禍陷之人，表現出當時代人的政治批判。由此看來，對人民而言，祠廟的設立與奉祀實具有表達民意、批判人物功過的功能。前段所引之王豫從西門豹的事蹟履行與自己相類而彼我肯定，一般人民則多因憐、哀，或思其遺德而爲人物立祠，如對伍子胥、鄧艾與諸葛亮等，基本上亦是一種肯定的評價。北朝的高允與宋遊道之被立祠奉祀，也是對二人德行、事功的一種肯定。這種肯定有時成爲士人精神上乞援的依傍，如《冤魂志》中載有一則曹魏末王淩呼應於賈逵的記載：

> 宣王送淩還京師，淩至項城，過賈逵廟側，淩呼曰：「賈梁道，吾固盡心於魏之杜稷。唯爾有神知之。」淩遂飲藥死，三族皆誅。其年，宣王有疾，白日見淩來，并賈逵爲祟。……少日遂薨。〔註45〕

宣王（司馬懿）誅曹爽之後，揚州刺史王淩以魏帝制於強臣，想迎立年長有

〔註44〕《三國志・魏書》，卷二十六〈田豫傳〉，頁729。

〔註45〕王國良，《顏之推冤魂志研究》（下篇：輯佚校釋）（臺北：文史哲出版社，1995年），頁85。賈逵在北朝人的心目中具有什麼地位？在《冤魂志》中有一條賈逵與孫晷共掌太山獄政的資料，或許可以當作參考（頁95）。

才的楚王彪，事爲司馬懿所知，因率兵攻討王淩。王淩自知勢窮，單船出迎。引例中的事跡便是發生在司馬懿將王淩遣送還京的途中。王淩在勢單力孤的絕望之時，途遇同樣盡忠於曹魏的賈逵所饗祀的祠廟，不禁感觸而大呼，冀期賈逵的魂靈能與自己共相感通。祠廟所奉祀的人鬼神祇有多種不同的典型，這些人物夙昔的事跡往往在人們親臨祠廟時，給予人們無限的憑弔與追思，失意者或許亦在此得到一種精神上的慰藉。

五、遊賞與宴集

除了與祠祀信仰直接關聯所呈現的活動與作用外，作爲一項建築物，祠廟亦成爲一處供人遊賞的景點。北齊時，王晞不以世事爲形累，「良辰美景，嘯咏邀遊，登臨山水，以談讌爲事，人士謂之物外司馬。」晉祠是他常去遊賞的地方，今傳其賦詩兩句：「日落應歸去，魚鳥見留連。」〔註46〕從文學以景寫情的手法來看，留連而不歸的乃是王晞，可以推想晉祠的景致當有令人賞愛之處。山東臨朐縣的冶泉祠附近也是一處可供嬉遊的地點，據《水經注》載：「斯地概古冶官所在，故水取稱焉。水色澄明而清冷特異，淵無潛石，淺鏤沙文。中有古壇，參差相對，後人微加功飾，以爲嬉遊之處。」酈道元對此地印象深刻，行文中並勾起他童年時的回憶，他說：

> 先公以太和中，作鎮海岱，余以總角之年，侍節東州。至若炎夏火流，閒居倦想，提琴命友，嬉娛永日，桂筍尋波，輕林委浪，琴歌既洽，歡情亦暢，是爲棲寄，實可憑衿。〔註47〕

該地固然風景天成，然亦有待於「後人微加功飾」，此祠與山泉之景融合爲一體，成爲當時人嬉遊玩賞的風景點，從酈道元的回憶中應可證實。

除了遊賞，祠廟也有被當作宴集場所的情形，如東魏時高歡曾於西門豹祠宴饗群臣〔註48〕，北周攻晉州時，北齊後主亦曾以晉祠爲軍隊聚集之地〔註49〕。晉祠是晉陽附近的大祠廟，西門豹祠則鄰近於鄴城，其重要性與附屬功能的出現，可能即是因爲地近政治都城所致，這點與北魏洛陽城的永寧寺頗有類似的情形。然而，北齊文宣帝曾因祈雨不應而毀西門豹祠〔註50〕，

〔註46〕《北齊書》，卷三十一〈王晞傳〉，頁422。
〔註47〕《水經注》，卷二十六〈巨洋水〉，頁335～336。
〔註48〕《北齊書》，卷三十七〈魏收傳〉，頁486。
〔註49〕《北齊書》，卷八〈後主紀〉，頁109。
〔註50〕《北齊書》，卷四〈文宣帝紀〉，頁64。

後主時則曾下詔改晉祠爲大崇皇寺〔註51〕，二帝均見有事佛的記載，其毀祠改寺的行徑，多少透露出其人重佛教而輕祠祀的心態。

六、爲祟致災

再者，前引北魏延興二年（472）淮、徐孔廟的例子中，可以見到有巫覡活動的情形，又前文論及祠堂神像的性質時，也曾舉北魏奚康生因祈雨不驗而鞭石虎畫像、取西門豹神像之舌的例子，其中也有巫者活動的訊息。奚康生的兩個兒子後來暴卒，他本身的罹患疾病，當時的巫者認爲是石虎與西門豹的神靈在作祟〔註52〕。這種懷疑祠廟之神作祟致災的觀念在前引的介子推的例子中也可看到，至少自曹魏以來即有傳說雹雪之災是廢寒食所致，原因是介子推遷怒作祟，石趙時仍有部分的人有這樣的憂懼。有關鬼魂爲祟致疾的觀念由來已久，北齊顏之推的《冤魂志》中也見有三條記載〔註53〕，可見祠廟與神靈所展現的作用未必都是正面性的賜福禳災，在人們的觀念中，若觸犯神靈，也可能導致神靈降下災禍。這點亦可說是人們認爲祠廟神靈所具的一種影響力。

小　結

綜上所述，有些例證雖然不是北朝時期所有，但從西漢到北朝，祠廟的性質與功能基本上是共通而具有延續性的。祈祭的願目多端而複雜，可大致概括爲獲取利益與僻除災禍兩類，具體內容則如祈求子嗣與禳祈水旱癘疫等，其中尤以祈雨一項爲最重要。至若環繞祠廟而產生的影響或作用，則有數項：（一）統治者利用祠廟祭祀以作爲取信與動員民眾的憑藉；（二）人民以立祠奉祀表達政治批判（哀憐受冤誣而死者，或懷念惠民有政者）；（三）人鬼祠廟的人格典範成爲士人精神相尚的一種憑藉，或是一般人憑弔與感懷的場所。再者，有些人認爲生病、猝死或自然災害的產生係因神靈爲祟所致，相對於祈福禳災的功能，這點可視作是一種負面性的效果。此外，部分的大型祠廟則兼具遊賞與宴集的娛樂性功能。

〔註51〕　《北齊書》，卷八〈後主紀〉，頁102。

〔註52〕　《北魏》，卷七十三〈奚康生傳〉，頁1631～1632。

〔註53〕　據王國良，《顏之推冤魂志研究》（下篇：輯佚校釋），一爲漢代呂后因趙王如意爲祟致疾而崩，二是曹魏末王淩自盡於賈逵廟，後與賈逵聯袂作祟，三是北魏万丑于忠矯詔殺郭祚與裴植，後万丑于忠得病，見裴、郭二人爲祟而死。頁43、85、147。

第三節　祠廟的數量與分布

　　前文談及祠廟類型時，曾略提到諸種祠廟的數量，並說明其資料來源爲《魏書》〈地形志〉與《水經注》，在此即針對祠廟數量與分布的情形作深入的說明。首先，就資料性質而言，《魏書》〈地形志〉乃魏收對北魏一朝州域狀況的記載，該志雖然未必能含括北魏所有的祠廟，但其資料的當代性應可確定。《水經注》乃北魏酈道元爲《水經》一書所作的注解，其州域廣及西域與南朝，許多資料乃截引自古書，故所錄祠廟未必尙存於北魏之世。因此，本書雖試將二者所錄祠廟悉加分類、統計（參見表三、附錄四與附錄五）。唯因資料性質所限，乃以《魏書》〈地形志〉爲主，而以《水經注》爲參考。

　　據《魏書》〈地形志〉所作的分類統計顯示（參表一），諸類型的祠廟總數以人鬼神祠的 46.51%（含女性神祠的 8.14%）爲最多，山神祠的 32.58% 次之，其它類的 13.37% 又次之，水神祠的 7.56% 最少。雖然據前文所論，山神與水神具有相異的功能，唯若依禮典中祈祀山川而致雨的觀念，將山神祠與水神祠合併爲一類，則其比例爲 40.14%，超過其他類甚多，與人鬼神祠相較亦僅相差 6.37%，佔有相當高的比例。諸類祠廟在《水經注》中所占的比例又是如何呢？據筆者統計（參表二），仍以人鬼神祠爲最多，占 67.98%（含女性神祠的 9.09%），次爲山神祠的 13.83%，其次爲其它類的 12.25%，水神祠的 5.92% 爲最少。同樣的，若將山神祠與水神祠合併，共占 19.75%，數量亦超過其它類。參較兩份資料的數量比例排序，可以發現其排序是相同的，所不同的是各自所占的比例各有增減。如《水經注》的人鬼神祠較《魏書》〈地形志〉明顯爲多，這點除了顯示人鬼神祠的數量居於諸類神祠之冠外，或許也正反映出酈道元爲《水經》作注時，除了詳其源流、刻畫景致外，對於該地的歷史人文的活動遺跡也頗爲注意。人鬼神祠的增加是隨時代而累積的，愈後來則祠數愈多，這是大致的趨勢。其餘各類神祠的數量未嘗不因時代的演變而增加，然在歷代禁淫祀的詔令下，每遭摧折；加以從文獻的角度來看，《魏書》〈地形志〉屬官方記錄，對於祠廟載錄的取捨或已有所偏重。《水經注》屬私人撰述，作者酈道元頗好讀奇書，引書甚廣，然而，從《水經注》中所得出的各類祠廟的數量比例，卻與《魏書》〈地形志〉若同符契，此現象當非偶然所致。

表一 《魏書》〈地形志〉祠廟分類統計表

	山神祠	水神祠	女性神祠	人鬼神祠	其 它	合 計
總 數	56	13	14	66	23	172
百分比	32.58%	7.56%	8.14%	38.37%	13.37%	100%

統計中，若神性重疊，則歸以較爲明顯者。如貞女山祠與女郎山祠均歸入山神祠，大家姑祠因俗稱海神，故列入水神祠。

表二 《水經注》祠廟分類統計表

	山神祠	水神祠	女性神祠	人鬼神祠	其 他	合 計
總 數	35	15	23	149	31	253
百分比	13.83%	5.92%	9.09%	58.89%	12.25%	100%

兩座山神祠（堯山首山祠與堯祠：堯祠）與一座水神祠（陽侯祠：鄧艾祠）歸爲人鬼神祠。

表三 《魏書》〈地形志〉各州祠廟分類統計表

州別＼祠類	山神祠	水神祠	女性神祠	人鬼神祠	其 他	合 計
司 州	0	0	1	8	0	9
定 州	1	1	3	6	2	13
冀 州	0	0	0	1	0	1
并 州	4	1	0	9	2	16
瀛 州	0	0	1	1	4	6
殷 州	1	1	1	1	1	5
滄 州	1	2	0	0	2	5
肆 州	4	3	1	4	7	19
幽 州	3	0	0	0	0	3
晉 州	1	0	0	1	1	3
懷 州	1	0	0	0	0	1
汾 州	1	0	0	0	0	1
義 州	0	0	0	2	0	2
營 州	1	0	0	1	0	2
平 州	1	0	0	1	0	2

兗　州	9	0	2	4	1	16
青　州	2	0	0	0	0	2
齊　州	2	0	1	0	0	3
鄭　州	2	0	0	0	0	2
光　州	4	0	0	0	2	6
豫　州	1	0	0	0	0	1
北豫州	1	0	0	5	0	6
徐　州	2	0	1	7	0	10
南兗州	0	0	0	2	0	2
廣　州	2	0	0	0	0	2
膠　州	2	0	0	0	0	2
洛　州	0	0	1	2	0	3
南青州	2	0	0	0	0	2
北徐州	1	0	0	0	0	1
東徐州	1	2	0	0	0	3
海　州	1	2	1	1	0	5
潁　州	0	1	0	0	0	1
譙　州	2	0	0	1	0	3
南司州	3	0	0	0	0	3
睢　州	0	0	0	1	0	1
雍　州	0	0	0	3	0	3
岐　州	0	0	1	0	0	1
梁　州	0	0	0	1	0	1
豳　州	0	0	0	1	0	1
泰　州	0	0	0	1	0	1
洛　州	0	0	0	2	1	3
合　計	56	13	14	66	23	172

　　人鬼祠廟的分布有若干特點，首先，它是以人爲中心，因此，祠廟的位置與該人生前的活動常有所關係，譬如該人出生於此地、葬於此地，或是曾於此地任官有惠政等等。統治者旌表百辟卿士有功者於其鄉里，或其任官而惠民之地，多少有攏絡勸化的意味。至於在其葬地立祠，則呈現祠、冢並立

的情形〔註54〕。其次，祠廟多爲地域性祠廟，少部分的人鬼祠廟則有跨州發展的現象。在《魏書》〈地形志〉與《水經注》中，堯祠（廟）、漢高祖祠（廟）與伍子胥祠是三個最顯著的例子，三者中又以堯祠的分布範圍爲最廣，東北到營州昌黎郡（今遼寧朝陽市），東南到海州東海郡（今江蘇連雲港），南到南陽魯陽縣（今河南南陽市北），西到山西蒲阪，幾乎含括整個黃淮平原的範圍，祠廟總數合計共十七所（參圖一）。據《隋書》記載，北齊官定的祈堯廟之所係在晉州平陽（今山西省境內），從分布位置來看，山西省境內的堯祠即多達五所，此與舊傳堯都於平陽的歷史背景有關，亦合乎上述人鬼祠廟分布的特點。又北周「祭九州、社稷、水旱雩禜，用唐堯樂」〔註55〕，從水旱雩禜與唐堯樂的關聯，以及堯祠數量冠於群祠的情形來看，北朝時在華北地區的堯帝信仰應當頗盛，且可能是平原地區的地方官或農民用以舉行祈雨祭祀的場所。〔註56〕

漢高祖祠共計六所，分別位於徐州（四所）、洛州（一所）與北豫州（一所），其中徐州與北豫州亦爲毗連的區域（參圖二）。漢高祖祠之所以密集地出現在此地，與漢高祖出身於沛有關，如徐州北濟陰郡尚有漢高祖舊宅與廟碑。若參較《水經注》的四所，其中三所均位於沛縣，另一所則在魏興郡西城縣，地屬漢中（項羽立劉邦爲漢王，王巴、蜀、漢中，都南鄭），從這段歷史與地緣關係來看，則更可確定漢高祖祠的分布與其出身及行跡所至有密切的關係。但其祠廟的分布區域不如堯祠來得廣，原因當在於漢高祖祠較屬崇

〔註54〕前文即述東漢以來有於墓所立祠的現象，《水經注》中有齊桓公、子產、澹臺滅明、亞父等先立冢，後世方立祠的例子。冢墓較具供人憑弔之意味，如北魏孝文帝南遷洛陽的途中，曾弔祭比干冢，今傳〈弔比干文〉。隋大業二年（606）並有詔曰：「旌表先哲，式存饗祀，……墳壟之處，不得侵踐。」可見朝廷對於有功之賢哲的保護，尚澤及墳墓。冢本身也可能被視爲靈異而予以祭祀，如周靈王冢，《水經注》說：「蓋以王生而神，故諡曰靈。其冢，人祠之不絕。」（卷十五，頁197）又如癸仲冢，「百姓謂之神靈也。」（卷二十五，頁322）這可能是後來立祠的一項主因。
〔註55〕《隋書》，卷十四〈音樂志〉，頁331。
〔註56〕宮川尚志以廣固城堯山祠的新舊對比，推論堯帝崇拜雖由官方推廣普及，並修整新廟，但在民間已經衰落。參氏著，〈水經注に見えた祠廟〉，《六朝史研究（宗教篇）》，頁374。然新廟華宇修整，舊廟因而毀棄乃理之所常，且其解讀「帝圖嚴飾軒冕之容穆然」爲新廟空分寂然，此「穆然」當作「肅穆」解，乃形容堯帝神像軒冕儀容的肅穆。堯祠在民間的信仰是否已沒落，尚有待進一步探究。

德與紀念性的祠廟，不若堯廟被附加祈雨功能的想像。

圖一　《魏書》〈地形志〉與《水經注》所見北魏時期堯祠分布圖

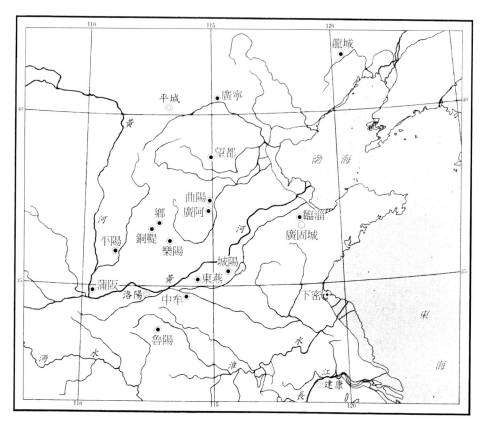

1. 堯祠：營州昌黎郡龍城（縣）
2. 堯廟：燕州廣寧郡廣寧縣
3. 堯神：定州北平郡望都〔註57〕（縣）
4. 堯祠：定州鉅鹿郡曲陽（縣）
5. 堯臺：殷州南趙郡廣阿（縣）
6. 堯廟：并州鄉郡鄉縣
7. 堯祠：并州鄉郡銅鞮（縣）
8. 堯廟：并州上黨郡樂陽（縣）
9. 堯廟：晉州平陽郡平陽縣
10. 堯山首山祠：（泰州）河東郡蒲阪（縣）
11. 堯山祠：青州齊郡臨淄（縣）
12. 堯山祠：青州廣固城
13. 堯冢靈臺：（司州濮陽郡）成陽縣〔註58〕
14. 堯廟：海州東海郡下密（縣）
15. 堯祠：司州東郡東燕（縣）
16. 堯祠：北豫州廣武郡中牟縣
17. 堯廟：（廣州）魯陽郡魯陽縣〔註59〕

〔註57〕《水經注》作中山（郡）唐縣，城北有堯山，山南有堯廟，據傳為堯所登之山。（卷十一，頁156）
〔註58〕成陽疑即為城陽，〈地形志〉有濮陽郡城陽縣，境有郵子河、雷澤，與《水經注》所載相符。參《魏書》，卷一○六〈地形志〉，頁2460。
〔註59〕太和十八年（494）改為荊州。參《魏書》，卷一○六〈地形志〉，頁2544。

圖二　《魏書》〈地形志〉與《水經注》所見北魏時期漢高祖祠分布圖

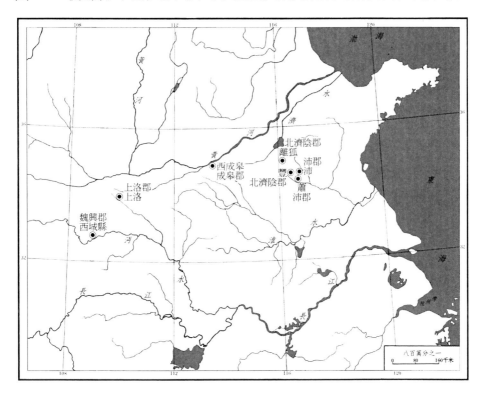

跨州郡的人鬼神祠中，伍子胥祠也是個特殊的例子（參圖三），據《水經注》
所錄，其祠共有五所，分別位於頓丘郡（相州）、成陽縣（《水經注》繫於廩丘
縣條下，時屬濟州）、弋陽郡（豫州）、廣陵郡（南兗州）與錢塘縣（揚州）。就
地理位置而言，相州與濟州毗鄰，約在今河南與山東交界處，屬黃河水系；廣
陵與錢塘則分屬長江與錢塘江水系；豫州弋陽郡屬淮水水系，然在上游支流黃
水之濱，地近河南，但又與頓丘、成陽相距頗遠。故上述五處伍子胥祠位處南
北兩地，而略成三角分布的形勢。若參就《魏書》〈地形志〉中所載的兩處伍子
胥祠（一在司州東郡，在河南省東北，地近頓丘。一在兗州泰山郡，約在今山
東省泰安縣），以及《隋書》〈高勱傳〉中所錄楚州城北伍子胥廟〔註60〕（在淮
水下游，今江蘇省淮安縣），則伍子胥祠的分布區域之廣，已縱跨黃河、淮水、

〔註60〕　《隋書》，卷五十五〈高勱傳〉，頁 1373。據同書，卷三十一〈地理志〉載，江
　　　　都郡山陽縣舊置山陽郡，開皇初廢郡，於開皇十二年改置楚州（頁 873）。今查
　　　　《南齊書》，卷十四〈地理志〉所載，山陽郡屬南兗州（頁 256）。由於此祠可能
　　　　於隋代之前即已建立，因此推算至南北朝時期，該地應為南兗州山陽郡山陽縣。

長江與錢塘四大水系〔註61〕。據《水經注》言，頓丘郡的伍子胥祠建於魏青龍三年（235），成陽縣的則建於晉太安中（302～303），此說明在魏晉時期，河南、山東毗鄰之地的人民尚有祠祀伍子胥的活動。從歷史與地緣關係來說，伍子胥祠的起源應在太湖一帶，因此，廣陵與錢塘兩處祠應是較早設立的〔註62〕，淮水上游、長江下游與以北諸祠則是由太湖一帶發展上去的，其神祠信仰的內容為何？由哪些人建廟祠祀？為什麼有如此多數的立祠？這在祠廟的發展與分布的特性上可謂一大特例，日後若有機會，當再細考。

圖三　《魏書》〈地形志〉與《水經注》所見北魏時期伍子胥祠分布圖

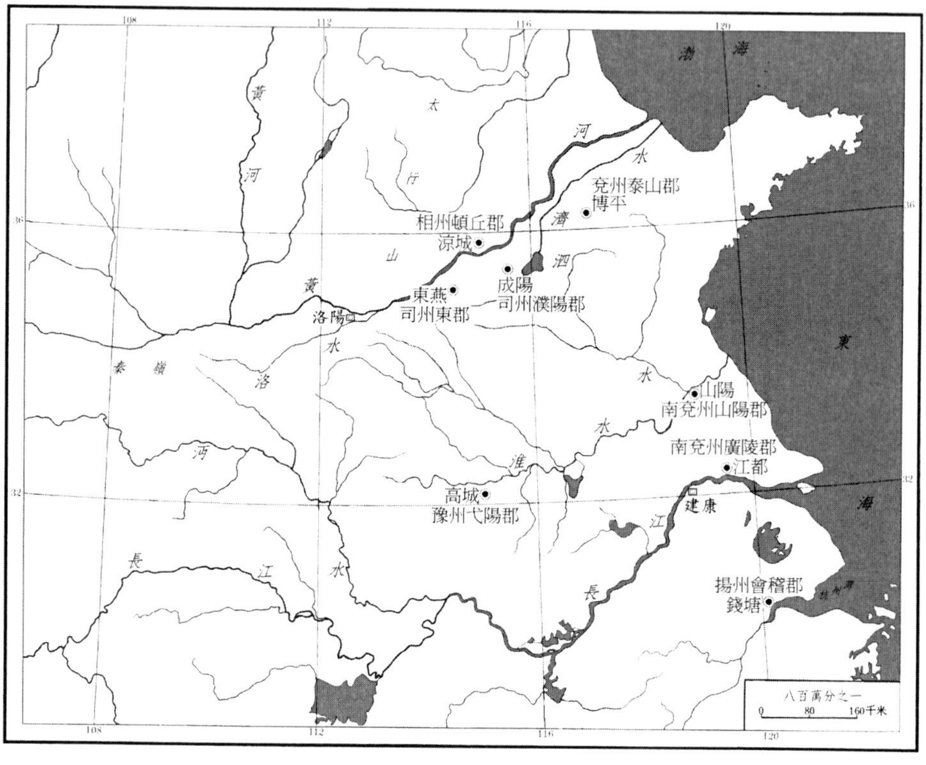

〔註61〕　宮川尚志推論伍子胥祠的發展及於揚子江流域，他忽略了《水經注》中的頓丘與成陽這兩個例子了，且未參考《魏書》〈地形志〉與《隋書》〈高勱傳〉的資料。參氏著，〈水經注に見えた祠廟〉，頁375。

〔註62〕　《水經注》，卷三十，載江水祠俗稱伍相廟，伍員乃配食於江水祠。又卷四十，引《吳越春秋》言吳人因憐子胥而為立祠，稱錢塘之潮為子胥、文種之神。可見此處當為伍子胥祠的起源處（頁388、497）。參見周生春著，《吳越春秋輯校彙考》（上海：上海古籍出版社，1997年），頁176。

前述堯祠、伍子胥祠與漢高祖祠等三所，在祠廟的數量與分布中均為少見之例，較多見的則是依其故里、冢墓或惠民行止之處而立祠，其祭祀圈有一定的範圍，大約皆與祠主生前的活動有所關聯，因此，人鬼祠廟便透顯出一種地域的特性。這種現象的產生，固然與祠廟立祀的起源及性質有關，然其中政治力的牽制因素亦不可忽略。前文談及祠祀的政治禁忌時，曾舉蜀漢諸葛亮為例，民間祠祀諸葛亮的勢力大起時，立祠於京師則恐勢逼宗廟，嚴禁立祠則恐拂民意，折衷的應變之策便是「宜因近其墓，立之於沔陽，使所親屬以時賜祭，凡其臣故吏欲奉祠者，皆限至廟。斷其私祀，以崇正禮。」這就堂皇而名正地把欲祠祀諸葛亮的民意疏解，並將祠地限制於其墓所〔註63〕，顯示出祠廟分布上所受的政治制約與地方性色彩。

再者，由於祠廟祭祀也屬禮典之事，其具合法性與否乃統治者須依禮而辨明的，有關這點，前文所引北魏宣武帝時（500～515）太常卿劉芳的議論中已經述及，亦即，他認為周公廟與夷齊廟都是洛陽一帶地方性的神祇，不應與太常所祭祀的郊廟神祇相混。又，石勒也曾下令從舊典中追查介子推饗祀的合法性。要言之，祠廟祭祀屬地方性的祀禮，係由「郡縣修理，公私於之禱請」，除不可與中央太常的奉祀相混，其本身的合法性與否於禮典上也是有根據的。這些觀念與規定，無形中都限制了祠廟跨區域發展的可能。

綜上所述，人鬼祠廟的性格是地方性的神祇祭祀，由地方官吏所管轄，於公於私均有所禱請，與中央位階的郊廟神祇分屬不同體系。這種地方祠廟具有民間信仰的基礎，因此它也具有擴展性，可以跨越地方性神祇的格局，北朝時所見的兩個較明顯的例子應該就是堯祠與伍子胥祠，但其信仰內涵與跨地域擴展的動因，除了堯祠因官方欽定為祈雨神祠而具有普遍性的因素外，其餘則尚待深入研究。

小　結

經過上文三節的討論，對於北朝祠廟的類型，以及各類祠廟的特性、功能、數量與相對的數量比、分布情形與所受限制，多少已取得初步的瞭解。由於北朝的祠廟資料並不多，且資料中所見的祠廟很多均是前代遺留下來的，

〔註63〕東漢末，曹操對於青、兗一帶的城陽景王祠（祭祀漢室朱虛侯劉章）則採禁斷淫祀的強勢手段。

如北齊最著名的西門豹祠，至晚在曹魏初期已經出現〔註64〕，因此，在研究的取徑上，筆者不得不從前代的史例中，去綜結一些與祠廟現象與發展有關的特性，作為與北朝史例相印證的憑藉。至於北朝時期新產生的祠廟有哪些，在資料缺乏的情形下，目前恐怕尚無法確切掌握。但是，我們從上文的研究中，仍可推知，北朝的祠廟基本上與漢、晉以降的祠廟在性質上是共通的，除了少數的祠廟外，大部分的祠廟都是地域性的。山神廟雖然數量也很多，但各山神間似乎沒有任何聯繫可言，因此也只能視為個別的地域性神祇。

事實上，祠廟的特性與它發展的軌跡，尚有很多不為我們所知的面向，例如，伍子胥的德行與事跡對人民的意義是什麼？為什麼他的祠廟的分布範圍能從太湖流域擴展到黃河、淮水、長江與錢塘江四大水系？這個現象與筆者所論述的祠廟的地域性有明顯的乖違之處，顯然尚有待進一步的研究。

其次，祠廟的功能中，祈雨是較具有普遍性的一項，從天神、地祇到人鬼，有些地方的人民尚有向海神祈雨的信仰。祈雨功能的普遍性顯示了農業社會對於雨旱調和的強烈需求。關於海神的祭祀，所見的資料並不多，似乎也反映了當時的社會仍屬內陸性型態，海神列為官方祠祀中的神祇，乃是晚後的事。從海神的情形，我們也可以聯想到祠廟發展性的問題，南北朝時期，城隍神信仰已明顯地出現在史書的記載，但以南朝居多，城隍神在北朝的發展情形則似乎沒有直接史料可以依憑，那麼，是否可以說，城隍神是由南方傳向北方的呢？筆者揭示《魏書》〈地形志〉中的「里城神」與「城頭神」的例子，或許能有助於另一種角度的思考。

最後，從祠廟的發展角度來看，人鬼祠廟因為不斷有新的賢德之人與惠政之官，因而歷代在數量上均有所增加，這應是為什麼在筆者統計的資料中，它們的數量能居於諸神祠之首的原因。不過，由於這類祠廟牽涉功德與事跡的肯定、政治立場的順逆關係，以及地方勢力等複雜的人事因素，後世的發展也較為複雜。至於山川神的崇拜，在南北朝時期，佛教的傳入以及佛教僧侶對民間社祀、山神祠祀的改造是它的一項重要的變化。而在官方祠祀方面，自然神朝向人格化發展的趨勢，東晉時已有對神祇封贈世俗官爵的先例，在盛唐時得到進一步的發展，主要是武后與玄宗對五岳山神的封敕，其後，山、川、海神等以王爵身分而為世人所知。有關佛教與祠祀信仰的部分，下一章將繼續的討論。

〔註64〕《三國志‧魏書》，卷一〈武帝操〉：「其規西門豹祠西原上為壽陵。」頁51。

第五章　祠祀信仰與佛教間的互動

　　前文多著眼於祠祀信仰本身的內容，以及它所引發的政治與社會影響，但在論述「淫祀」的概念時，已經略為涉及佛、道二教與祠祀的關係。其實，早在佛教初傳入中國時，祠祀信仰與佛教的互動即已展開。然而，從佛教初傳到它的盛行，它與祠祀信仰間的互動關係並不是一成不變的，而是有著勢力消長的變化過程。因此，本章擬從較多的面向來論述二者互動間的現象，在研究性質上，這種作法超越了前文單以祠祀信仰為主的討論，提供了一種比較研究的視野。

　　其次，從官方祠祀的層面來說，祠祀與道教可以說是沒有關係的。不過，至少自漢武帝以後，由於皇帝尊崇神仙方術，的確為統治階層的祠祀信仰導入了若干神仙祠祀的成份。但是，在屬於官方禮典性質的郊廟祠祀中，道教似乎也未能越過這道樊籬。北魏自太武帝之後，皇帝登基須登壇受符籙，此是單行的法式，並未滲入郊廟祠祀中；即如佛教，儘管導致崇佛的梁武帝將宗廟的祭品由葷牲改為素蔬，也僅止於祭品性質的變更，且此變革及身而止，對於官方的郊廟祠祀並未有根本上的影響。道教對於祠祀的影響較多是透過神仙與方術，然而，道教與神仙祠祀的關係是一較大的研究課題，不是本書所可以處理的。本章僅對佛教與祠祀的關係進行論述，至於道教與祠祀信仰的關係只得留待日後專文處理。

第一節　佛寺與祠廟

　　佛教初傳入中國，被視為與黃老、方仙一類的神明，湯用彤即認為漢代人視佛陀為變化不死的神人，因此，齋戒祭祀遂成為此教的主體。這個現象

主要有兩個因素促成，一是佛典的傳譯尚未能精確地將佛教教義闡述出來，一則是漢代人本有的「神靈不死」的信仰〔註1〕。誠然，中國的佛教直到東晉釋道安（312～385）反對「格義」式佛教，在翻譯理論上提出「五失本、三不易」的觀念，並親自綜理諸經注疏與目錄後，有關佛典的傳譯與教義的理解才逐漸步上軌道〔註2〕。其次，五胡時期在石趙甚具影響力的佛圖澄（232～348），雖然他的教化精神是以慈悲爲本，但僧傳中所載的事跡則多以神通異能著稱〔註3〕。佛圖澄在華北活躍的期間爲西晉永嘉四年至東晉穆帝永和四年（310～348），由此或可推測，至少在四世紀的中期，北方佛教仍帶有相當濃厚的神道色彩，這些神道的成分有些是佛教僧侶本身所具有的，有些則可能受到中國的道教與民間祠祀的影響。

佛教原「不祭祀，但燒香禮拜而已」〔註4〕，東漢以來，人們視佛陀爲神明之屬，也以祠廟的齋戒饗祀行之於佛祠。周一良考索「能仁」一詞的語源，並推論「仁祠」一詞所指很可能就是「牟尼廟」〔註5〕。前文已說明過，中國祠祀信仰的祭祀場所多以「祠」或「廟」字爲名，此處所謂的「仁祠」，取義上似乎即是因將佛陀視爲神明崇拜，因而擬照中國的祠祀習慣，爲他建廟立祠而加以奉祀。從信仰的性質、崇拜的方式與字面上看來，早期奉祀佛陀的場所在性質上可能與神祠頗爲類似，佛寺之作爲佛教堂宇的專稱則是晚後之事。

關於佛教堂宇由「祠」變而爲「寺」的演進，顏尚文認爲東漢末至三國時期，寺院的稱呼仍未固定爲「寺」，到了西晉時期，寺院的名稱乃漸以「寺」爲主，看不到「祠」的字眼，佛寺脫離了附著於傳統的「祠廟」，走向了代表佛教的「佛寺」〔註6〕。小川貫弌也認爲稱佛祠爲佛寺是魏晉以後的事〔註7〕。

〔註1〕 湯用彤，《漢魏兩晉南北朝佛教史》，頁100。

〔註2〕 參鎌田茂雄著、關世謙譯，《中國佛教通史（一）》（高雄：佛光出版社，1994年），頁369～381。

〔註3〕 鎌田茂雄著、關世謙譯，《中國佛教通史（一）》，頁309～315。

〔註4〕 《魏書》，卷一一四〈釋老志〉，頁3025。石季龍時，王度又奏議不令人民燒香禮拜。

〔註5〕 周一良認爲梵文中有用「能」來解釋「釋迦」之義的例子，「釋迦」譯爲「能」，可能是字詞上的誤認所致。牟尼（Muni）一字據巴利文原義是寂靜，以「仁」字稱牟尼，則與後漢譯經的背景有關，可能是當時譯經者比附的手段，也可以說是一種「格義」的先驅。參氏著，〈能仁與仁祠〉，《魏晉南北朝史論集》（北京：中華書局，1963年），頁305～313。

〔註6〕 顏尚文，〈後漢三國西晉時代佛教寺院之分布〉，《國立臺灣師範大學歷史學報》第三期，1985年6月，頁12。

然據《水經注》〈河水〉所載：

> 又東逕平晉城南。今城中有浮圖五層，上有金露盤，題云：「趙建武
> 八年，比釋道龍和上竺浮圖澄，樹德勸化，興立神廟。」浮圖已壞，
> 露盤尚存，煒煒有光明。〔註8〕

金露盤上所題之「樹德勸化，興立神廟」一語，反映著石趙之時人們對於佛教的概念尚摻有濃厚的神道色彩，浮圖被視爲神廟，具有樹德勸化的功能。亦即，在魏晉以後，雖然名稱上已可確立有由「祠」改稱爲「寺」的趨勢，然其信仰的實質則仍存在著與祠廟相混的現象。但是，隨著佛教逐漸成爲民間普遍的信仰之後，佛寺與祠廟間所出現的交疊相混的現象，則須從另一個角度來看待。因爲自北魏初期以後，佛教逐漸盛行，藉由僧人遊涉村落講經與邑義的團體運作，不僅脫離祠祀神道的色彩，並且以本身的教義內容對民間的祠祀信仰進行改造。佛教的這種轉變與活動剛好發生在北朝，在這轉變階段，我們除了可以看到佛教與祠祀信仰之間尚存一些相混的跡象，也可見到佛教以較強勢的力量改造民間的祠祀信仰。以下即從人鬼祠廟與山神祠廟兩個方面來觀察。

一、人鬼祠廟與佛寺

就人鬼祠廟而言，其神祠多以人名稱祠，如堯祠、伍子胥祠，《水經注》中則出現人鬼神祠與佛寺更迭或併合的例子。其例有二，其一爲：「水出界休縣之綿山，北流逕石桐寺西，即介子推之祠也。」〔註9〕從行文的脈絡看，原本是介子推的祠，當時已變成石桐寺。類似的例子又如《續高僧傳》〈習禪篇·齊釋僧達〉所載：

> 達性愛林泉，居閑濟業，帝爲達於林慮山黃華嶺下立洪谷寺，又捨
> 神武舊廟造定寇寺，兩以居之。〔註10〕

北齊文宣帝捨神武舊廟而建爲寺院，若神武的饗祀未撤，可能也只是配祀於佛寺。這種因捨舊廟而建寺的情形，或許也有助於我們理解子推祠變爲石桐寺的過程。此是祠廟變爲佛寺之例。其二爲：「又逕銅馬祠東，漢光武帝廟

〔註7〕 小川貫弌，〈浮屠祠と祠堂〉，《印度學佛教學研究》十九卷二期，1971 年 3
月，頁 43。
〔註8〕 《水經注》，卷五〈河水〉，頁 63。
〔註9〕 《水經注》，卷六〈汾水〉，頁 77。
〔註10〕 《續高僧傳》，卷十六〈習禪篇·齊林慮山洪谷寺釋道達〉，頁 553-1。

也。……題云：漳河神壇碑，而俗老耆儒，猶揭斯廟爲銅馬劉神寺。」〔註11〕
從題稱「漳河神壇碑」看來，酈道元之時，此廟當爲神祠，而從父老的稱
法中，此廟早期卻可能是一佛寺，但其中供奉的是漢光武帝。綜上所述，對
於北朝這一時期祠廟與佛寺名稱混亂的現象，筆者推測，北魏時以祠祀奉
佛的現象很可能還存在著，寺與祠作爲宗教堂宇雖已專有所指，然二者間具
有併代或從祀的情形。這種現象在佛寺與山神祠之間又更爲明顯（詳見下
文）。

其次，在祖先崇拜的祭祀方面，我們也可以看到一些形式上明顯的變化，
例如家寺與塑像的建置。在前文論述中，我們知道祖先祭祀的場所有祠堂一
類的建築，但據《北齊書》〈楊愔傳〉載：

〔楊愔〕至碻磝戌，州內有愔家舊佛寺，入精廬禮拜，見太傅容相，
悲感慟哭，嘔血數升，遂發病不成行，輿疾還鄴。〔註12〕

從引文中所見，此佛寺似爲楊愔的家寺，因寺中尚有楊氏先人的造像。北朝
時期佛教造像的風氣很盛，不過，在爲先人或死者祈福時，他們多是造釋迦、
彌勒、阿彌陀佛與觀音等像，較少直接爲先人造像。此處所見的「太傅容相」
或許與中國的祠祀傳統較有關聯。如前所述，平民因感念地方官的德惠，往
往爲他們立祠並圖像立碑，《襄陽記》即說：「自漢興以來，小善小德而圖形
立廟者多矣。」〔註13〕究其性質，均屬於傳統追祀亡者的行儀。至於悼念祖
先而將他們的容像置於佛寺以爲祈福，則祖先祭祀的活動顯然已受到佛教所
影響。其具體內容與程度當可再深入追查，後世將觀音、佛祖移置於家庭神
龕之列，或許在此已萌其先兆。

北朝還有些佛寺以人名或封號爲寺名，就捨宅或積德祈福而言，這是很
正常的現象。以《洛陽伽藍記》中所載爲例，爲父母追福則有北魏胡太后所
建的秦太上君寺；爲積德布施則有昌黎王馮熙自出家財所建的芒山馮王寺；
因捨宅而得名的則有高陽王寺〔註14〕。過去，人民爲有惠政的地方官建立饗
祀的祠堂，此時，受到佛教建寺可以積德、祈福的觀念影響，造佛寺則成爲

〔註11〕《水經注》，卷十〈濁漳水〉，頁142。
〔註12〕《北齊書》，卷三十四〈楊愔傳〉，頁456。
〔註13〕《三國志‧蜀書》，卷三十五〈諸葛亮傳〉，頁928。又如同書：「陳寔……豫
州百姓皆圖畫寔、紀、諶之形像。」頁634。
〔註14〕楊勇，《洛陽伽藍記校箋》，卷一〈永寧寺〉、卷二〈秦太上君寺〉、卷三〈高
陽寺〉，頁16、87～88、154～155。

另一種選擇。據《魏書》〈陸俟傳〉載：

　　〔陸〕馛之還也，吏民大斂布帛以遺之，馛一皆不受，民亦不取，

　　於是以物造佛寺焉，名爲長廣公寺。〔註15〕

陸馛有惠政於民，照傳統的立祠的做法，吏民可能爲他建立生祠，此處或許因爲陸馛本人信仰佛教，或因當地人民的佛教信仰風氣使然，遂改採佛教建寺的方式。然立祠與建寺有個明顯的不同，祠堂著重在崇德尊賢，佛寺則重在積功德與祈福，但因人們也會向祠堂進行祈求，祈福遂爲祠堂與佛寺間共通而可交融的特點。如此，因佛教的日益盛行，傳統信仰遂融合了以建佛寺爲崇德祈福的方式。

二、山神祠廟與佛寺

　　在進入本節的討論之前，有一點是必須先說明的，有關山神與佛教的資料多見載於僧傳中，僧傳係以佛教僧侶爲中心的傳記文獻，除了記錄、表彰僧侶一生的行跡與修爲外，也負有宣揚佛教的用意。因此，僧傳中某些超離現實的故事，有時乃是僧傳作者在敘述上的一種象徵性手法，這類的故事當然無法信以爲眞；然而，僧傳作者在象徵與現實的交互描述之中，這些象徵性的故事多少也能反映出一點實際的情況，或者代表了僧傳作者的某種思想傾向。至於其象徵意義的詮釋角度與內涵，容或有不同的意見，但既有文獻可憑，均是可以進一步討論的。〔註16〕

　　山神祠與佛寺間的互動情形有較複雜的關係，在佛教的觀念裡，山神其實只是輪迴眾生中的一員，奉祀山神或其它眾神無法成道正覺，《佛說普曜經》即說：「或事山神、社神、虛空天神、海水泉池樹木之神，……不免惡趣，不能成道。」〔註17〕其實，山神自己也無法解脫，因此必須仰賴佛陀授予「無上道記」〔註18〕。佛教傳入中國，這種觀念也影響了本地的山神信仰，甚至

〔註15〕《魏書》，卷四十〈陸俟傳〉，頁904。

〔註16〕關於佛教文獻中的山神形象，請參閱拙作〈佛教文獻中的山神形象初探〉，收入朱鳳玉、汪娟主編，《張廣達先生八十華誕祝壽論文集》（臺北：新文豐出版公司，2010年），頁977～996。

〔註17〕《佛說普曜經》，卷五〈異學三部品〉，頁510～513。收入《大正新修大藏經》，第三卷，本緣部上。

〔註18〕《悲華經》，卷八〈諸菩薩本授記品〉載有海神、水神與須彌山神等言曰：「汝成佛已作大檀越，亦當授我無上道記。」頁218-3。收入《大正新修大藏經》，第三卷，本緣部上。

位階較高的岳神信仰。僧傳即載有多起山神拜僧爲師，請受五戒的例子，如《高僧傳》〈義解篇‧晉廬山釋曇邕〉載：

〔釋曇邕〕於山之西南營立茅宇，與弟子曇果澄思禪門。嘗於一時，果夢見山神求受五戒，果曰：「家師在此，可往諮受。」後少時，邕見一人著單衣帽，風姿端雅，從者二十許人，請受五戒。邕以果先夢，知是山神，乃爲說法授戒。〔註19〕

又，《續高僧傳》〈義解篇‧唐襄州神足寺釋慧眺〉也載：

貞觀十一年四月三日，在寺後松林坐禪，見有三人，形貌都雅赤服，禮拜請受菩薩戒訖，……。〔註20〕

山神向僧侶求受戒或菩薩戒，這顯然是一種神話性的描述。如前所述，在佛教的觀念中，山神只是輪迴眾生的一員，僧傳故事即是依著這種觀念，將山神信仰納入佛教的體系中。這類的例子，至唐代的僧傳中仍可見到，可見佛教與山神信仰的這種互動關係是長久而持續的。

在僧傳的描述中，山神與佛教僧侶有多方面的互動，有些山神除了受戒，亦有推室相奉的行爲，類似凡人的捨宅爲寺。其中有些是受戒的山神，有些則是感僧人威德，因人神異道不宜共居而遷移。如《高僧傳》〈習禪篇‧竺曇猷〉載：

後一日神現形，詣猷曰：「法師威德既重，來止此山，弟子輒推室以相奉。」猷曰：「貧道尋山，願得相值，何不共住？」神曰：「弟子無爲不爾，但部屬未洽法化，卒難制語，遠人來往，或相侵觸，人神道異，是以去耳。」〔註21〕

此則是較爲罕見的例子，從山神配祀於佛寺的角度而言，山神理應駐山而不離，此處則因山神部屬未洽法化，惟恐侵擾來往的信眾而遷徙。與捨宅類似的尚有布施、供養，僧人既入山修道、行道，生活飲食，寺塔修建，率皆取給於山林。山神從而供養，實亦助佛宣化。如《續高僧傳》〈明律上‧唐始州香林寺釋慧主〉載：

或有山神，送茯苓甘松香來，獲此供養，六時行道。禽獸隨行，禮佛誦經，似如聽者，仍爲幽顯，受菩薩戒。〔註22〕

〔註18〕 《高僧傳》，卷六〈義解篇三‧釋曇邕〉，頁362～363。
〔註19〕 《續高僧傳》，卷十五〈義解篇十一‧唐襄州神足寺釋慧眺〉，頁539-2。
〔註20〕 《高僧傳》，卷十一〈習禪第四‧竺曇猷〉，頁396-1。
〔註21〕 《續高僧傳》，卷二十一〈明律上‧唐始州香林寺釋慧主〉，頁612-2。

僧人因獲供養，乃得六時行道。飲食之外，燃燈供佛〔註23〕、營建寺塔〔註24〕
亦均是僧傳中所載山神遵行的供養行為。對於僧傳作者描述山神受戒與供養
的意圖，也許可以作這樣的揣測，首先，宣揚佛法為世間至高至上的道法，
即使威勢顯赫如山神亦須俯首受戒。其次，透過山神要求受戒與供養僧侶的
模式，演示一般眾生受戒入道的過程，以及受戒後的供養行為。再者，有些
故事中也會藉由受戒的山神須斷葷牲而改饗時蔬的描述，傳佈佛教不殺生的
教義（參見下一節）。因此，這些象徵性的故事實即是佛教教義的演述，與後
世的佛教變文在功能上頗有相通之處。此外，藉由僧侶制伏山神的事跡，除
了象徵佛教的神能凌駕於山神之上，也可襯托出僧侶的法力與德行，用以凸
顯該傳傳主的生平事跡。

　　在僧傳的記載中，山神除了供養僧侶之外，亦扮演護法與監督行道的角
色。如《續高僧傳》〈感通上・周上黨元開府寺釋慧瑱〉中有一則故事，大略
是說，北周時上黨僧人釋慧瑱隱於深山，遇賊劫掠，有山神前來救助，並說：
「師既遠投弟子，弟子亦能護師，正爾住此。」〔註25〕此處，山神自稱弟子，
並以保護僧師為己任，從這項行為看來，可以視作護法之神。山神對於僧人
的護持不只在於救難解危，亦表現在平常的修道中，如《續高僧傳》〈習禪篇
三・隋河東栖巖道場釋真慧〉所載：

> 於閑田原北杯盤谷，夏坐虎窟，虎為之移，及秋虎還返窟，常有山
> 神，節度時分，如有遲延，必來警覺。〔註26〕

山神節度時分，適時給予警覺，以免僧人遇虎遭難。另有些記載則表現出山
神對於佛教事物或僧侶的致敬之意，例如《續高僧傳》〈感通上・隋蜀部灌口
山竹林寺釋道仙〉所載的一則故事，傳說隋開皇年中，有蜀郡僧人釋道仙返
於山寺，「道路自淨，山神前掃」〔註27〕。山神掃路相迎，充份顯現了對僧人
的禮敬之意。又，《續高僧傳》〈義解篇・隋西京大興善道場釋僧曇〉中的另
一則故事也有類似的情節，傳說隋文帝仁壽年間置塔為迎舍利子時，「岳神

〔註23〕《法苑珠林》，卷三十五〈然燈篇〉：「此燈又是山神李特續後供養。特舊蜀
　　　　主，故至正月，處處然燈，以供佛寺。」頁568-1。收入《大正新修大藏經》，
　　　　第五十三卷，事彙部上。
〔註24〕《法苑珠林》，卷十四〈敬佛篇〉：「山神於今塔後，又造一寺供三果僧。神往
　　　　太白採取芝草，供養聖僧皆獲延齡。」頁396-2。
〔註25〕《續高僧傳》，卷二十五〈感通上・周上黨元開府寺釋慧瑱〉，頁649-3。
〔註26〕《續高僧傳》，卷十八〈習禪篇三・隋河東栖巖道場釋真慧〉，頁575-1。
〔註27〕《續高僧傳》，卷二十五〈感通上・隋蜀部灌口山竹林寺釋道仙〉，頁651-2。

廟戶由來封閉，舍利止至三度自開，識者以神來敬禮故耳」〔註28〕。山神對於高僧、聖物固然禮敬若此，不過，假如僧人怠於念誦，山神亦會現形督促〔註29〕。對於僧侶破戒，山神甚至憎而食之〔註30〕。以上的幾則故事，從受戒、供養、布施、救危、禮敬、督促與懲戒等行爲，都反映出在僧傳作者的筆下，山神被塑造成爲一個皈依於佛教的護法神；如就象徵性的意義而言，似乎代表著佛教吸納了山神信仰。

　　不過，僧傳中所描述的山神並非一開始就是一副虔誠的佛教徒姿態，而其護持僧侶、監督行道的作爲也應當是被調伏之後的表現。僧傳中即數見山神變形恫嚇、驅逐、試煉僧人等情節的描寫，例如《高僧傳》〈習禪篇·帛僧光〉載：

> 帛僧光，……少習禪業，晉永和初遊于江東，投剡之石城山，山民咸云：「此中舊有猛獸之災，及山神縱暴，人蹤久絕。」光了無懼色，雇人開剪，負杖而前，行入數里，忽大風雨，群虎號鳴，光於山南見一石室，仍止其中，安禪合掌，以爲栖神之處。至明旦雨息，乃入村乞食，夕復還中，經三日，乃夢見山神。或作虎形，或作蛇身，競來怖光，光一皆不恐。〔註31〕

又如《廣弘明集》〈僧行篇·南齊虞羲景法師行狀〉載：

> 法師諱僧景，本姓歐陽，衡陽湘鄉人也。……先是神山廟靈驗如響，侵迕見災，且以十數，法師考室其旁，神遂見形爲禮，使兩神童朝夕立侍。〔註32〕

在僧傳的敘述中，山神似能呼風喚雨，驅遣野獸，本身也具有變化各種形象的能力，而且有時會爲地方人民帶來災害。這些關於山神的想像，與祠祀信仰中以祈雨爲主的山神頗爲不同。對於山神的恫嚇、嬈試，僧人除了以正信、定力不爲所動外，部分僧人則備有〈移山神咒〉與〈降魔神咒〉等咒術以相應。但據僧傳所載，在兩者的抗爭中，最後佔優勢的常是僧人，不過，僧傳

〔註28〕《續高僧傳》，卷十〈義解篇·隋西京大興善道場釋僧曇〉，頁506-2。
〔註29〕《法苑珠林》，卷三十六〈華香篇〉：「或有念誦小有疲懈，山神現形，又著烏衣身長一丈，手執繩索，僧眾驚懼，誦習不懈。」頁572-1。
〔註30〕《法苑珠林》，卷十四〈敬佛篇〉：「此迦葉佛時有山神，姓羅名子明，蜀人也。舊是持戒比丘，生憎破戒者發諸惡願，令我死後，作大惡鬼，噉破戒人，因願受身，作此山神。」頁396-3。
〔註31〕《高僧傳》，卷十一〈習禪篇·帛僧光〉，頁395-3。
〔註32〕《廣弘明集》，卷二十三〈僧行篇·南齊虞羲景法師行狀〉，頁269-3。

的作者本身即是佛教僧侶，其立場不免有偏頗的嫌疑。

　　綜上所言，從佛教的立場來說，山神乃六道輪迴的眾生之一，本身無法超脫得道，因此，僧傳中遂有多起山神向僧侶要求受戒的例子。山神因此而成爲佛弟子，扮演起護法神的角色。僧傳的這種描述隱然將佛教的神能凌駕於土俗山神之上，因此，在祠祀或禮拜的活動中，山神便屈居爲配祀的角色。山神從祀於佛寺的情形可在《續高僧傳》〈感通上・隋東都寶楊道場釋法安〉中得到例證：

　　〔晉〕王所遊履，必齋隨從。……後往泰山，神通寺僧，來請檀越，
　　安爲達之，王乃手書寺壁，爲弘護也。初與王入谷，安見一僧著弊
　　衣、乘白驢而來。王問何人，安曰：「斯朗公也，即創造神通，故來
　　迎引。」及至寺中，又見一神，狀甚偉大，在講堂上，手憑鴟吻，
　　下觀入眾。王又問之，答曰：「此太白山神，從王者也。」〔註33〕

泰山僧朗爲佛圖澄的弟子，是山東佛教的創始者，前秦苻堅、後秦姚興與北魏拓跋珪等胡族君主均曾致書禮敬，在當時具有極高的聲望。神通寺是他在泰山金輿谷所創立的佛寺，此谷又稱朗公谷〔註34〕。神通寺爲僧朗所創，矗立於該寺講堂上的太白山神，可能即是被視爲護法神而供奉著。

　　當然，由於僧傳的佛教立場鮮明，它的記載也未能反映出當時山神信仰的全貌。但就山神配祀於佛寺的情形，求諸其它文獻，《水經注》中即有兩個例子可供對照，如《水經注》〈易水〉載：

　　……石泉固，固上宿有白楊寺，是白楊山神也。寺側林木交蔭，叢
　　柯隱影，沙門釋法澄建剎於其上。〔註35〕

從此例中可以推測，白楊山神可能是石泉固一地的土俗信仰，然其神祠形式先已被變更爲佛寺，白楊山神於寺中當僅是配祀的地位，其後釋法澄又建剎於其側，則是佛教之勢力凌駕於山神信仰之上。《法苑珠林》〈敬佛篇〉載有一「山神寺」〔註36〕，從名稱上看來，也許與白楊山神變爲寺的過程是相似的。又，《水經注》〈河水〉載：

　　又至一祠，名曰胡越寺，神像有童子之容。從祠南歷夾嶺，廣裁三
　　丈餘，兩箱懸崖數萬仞，窺不見底，祀祠有感，則雲與之平，然後

〔註33〕　《續高僧傳》，卷二十五〈感通上・隋東都寶楊道場釋法安〉，頁652-1。
〔註34〕　鎌田茂雄，《中國佛教通史》（一），頁329～340。
〔註35〕　《水經注》，卷十一〈易水〉，頁151。
〔註36〕　《法苑珠林》，卷十四〈敬佛篇〉，頁395-2。

敬度。〔註37〕

酈道元稱此「胡越寺」爲「祠」，乃寺、祠名稱混用的一例。於神像則特別描述其「有童子之容」，未明言其爲佛像與否，因此，對於此「寺」的性質頗難確認。唯此寺建於崇山峻嶺間，從人們祈求平安越度懸崖的目的與「祀祠」的方式來看，它的性質實頗類似於山神廟。宗教信仰具有現實功利的面向，因此，雖然名稱或其性質爲佛寺，但若人們多以祀祠而祈求時，此寺實亦具有類於祠廟的功能。

總之，在佛寺與祠廟的互動過程中，其初或許存在著瞭解未深、教義未明，而致以祠祀信仰看待佛教的情形；然而，在北魏時，僧人行教化而遊涉村落，佛教已普及至鄉野之地，對於佛寺與祠廟的辨別應已成爲一普通常識，因此，北魏時期寺、祠混用或性質交錯的現象，應是佛教與祠祀信仰間互動互化所導致的結果。

第二節　牲禮與戒殺——祠祀信仰與佛教的對立

關於祠祀信仰與佛教對立的情形，郝春文在〈東晉南北朝時期的佛教結社〉一文中曾提到，以殺生爲第一大戒的佛教自傳入中國之初，就與奉行「血祠之祈」的春秋二社之祭形成尖銳的對立。這種血祠的習俗無疑對佛教的傳播十分不利。他舉〈北齊邑社曹思等石像之碑〉爲例，說明一個傳統邑社接受佛教寺院的改造，不再殺生祠祀，並從事造佛像、建功德的實例。不過，總結來說，他認爲兩晉南北朝時期佛教寺院、僧侶們在改造傳統里（邑）社方面取得的成就並不大，這一時期大量流行的是邑、邑義、法義等由佛教信徒組成的佛社〔註38〕。據郝先生的研究，佛教對傳統里社改造的完成是在唐代，其時，這些里社很多已發展成以經濟活動爲主的私社，雖保持春、秋二社的傳統風俗，但也從事一些佛事活動，成爲寺院的外圍組織。〔註39〕

社以奉祀社神（土神）爲主要的祭祀活動，其祭神方式爲祠祀用牲，屬於祠祀信仰的範疇。但由於春秋戰國以來，社與鄉里組織密切結合，戰國末期成爲社會基層組織的一種，漢時延續實施里、社合一制，社因又具有行政

〔註37〕《水經注》，卷四〈河水〉，頁45。
〔註38〕釋普安之例見《續高僧傳》，卷二十七〈釋普安傳〉。引文參見郝春文，〈東晉南北朝時期的佛教結社〉，《歷史研究》，1992年第二期，頁102～103。
〔註39〕郝春文，〈東晉南北朝時期的佛教結社〉，頁102～103。

組織的功能，遠較一般祠廟的性質複雜〔註40〕。南北朝時期的社則因有佛教思想的推動，以佛法或社會救濟爲主而展開邑義的新型態〔註41〕。社的運作是地方勢力的集結，因此統治者藉由參與社的祭祀進而掌握地方的勢力，同樣的，佛教勢力之介入地方活動與信仰，這種里社的組織正好是一處很好的著力點。

　　從郝春文的研究看來，北朝春、秋二祭的里社在佛教僧侶的指導與推動下，逐漸發展成以從事救濟、奉佛、造像等活動爲主的邑義組織。然而，邑義屬佛社性質，是新興的社邑組織，它本身並未完全取代春、秋二祭的傳統里社，也就是說，儘管北朝佛教邑義相當發達，殺生獻祭的里社祠祀仍然存在。據《續高僧傳》〈遺身篇・隋京師郊南逸僧釋普安〉載，直到隋代，社祭血祀在京師附近仍是被奉行的習俗。略錄其文如下：

> 〔釋普〕安居處雖隱，每行慈救，年常二社，血祀者多，周行救贖，勸修法義，不殺生邑，其數不少。嘗於龕側村中，縛豬三頭，將加烹宰，安聞往贖，社人恐不得殺，增長索錢十千。安曰：「貧道見有三千，已加本價十倍，可以相與。」眾各不同，更相忿競。……安即引刀自割髀肉曰：「此彼肉耳，……。」社人聞見，一時同放。……故使郊之南西五十里內，雞豬絕嗣，乃至于今。〔註42〕

從引文中，我們未見到有邑義一類的組織存在，釋普安在此村中可能並不具有僧師的身分；而且，由於立場的差異，釋普安與社人間存在緊張而對立的關係。釋普安先以付錢的方式贖豬，但社人的反應是「恐不得殺」與「更相忿競」，顯然在態度上並不認同釋普安的勸化；後則自割髀肉欲取代豬，他的教化終於感動社人，罷去血祀。據引文所示，釋普安「周行救贖，勸修法義，不殺生邑，其數不少」，因此，這事可能並不是個例，而是其中較爲壯烈且著名的事跡。從這個例子中，我們也可以推測，除了邑義一類固定性的佛社組織之外，遊化村落的僧人也曾針對殺生血祀的祠祀習俗進行勸化與改造。以上主要是根據前人的研究成果，探討佛教對傳統社祀的改造，筆者認爲，除了組織性的改造之外，個別僧侶的遊方勸化所產生的作用也是不可輕

〔註40〕寧可，〈述「社邑」〉，《北京師範學院學報》，1985 年第一期，頁 12。

〔註41〕有關邑義的討論，除了前引寧可與郝春文的論文，尚可參考劉淑芬，〈北齊標異鄉義慈惠石柱——中古佛教社會救濟的個案研究〉，《新史學》五卷四期，1994 年 12 月，頁 1～50。

〔註42〕《續高僧傳》，卷二十七〈遺身篇・隋京師郊南逸僧釋普安〉，頁 682-1。

忽的。〔註43〕

　　佛教既無祠祀，又有殺生之戒，其中又以後者對教義的衝擊較大，因此，佛教僧侶對於中國祠祀信仰的改革主要是著眼於殺生血祀的習俗。那麼，祭祀用牲在祠祀信仰中具有什麼意義呢？它是否為祭祀中不可替代的一種儀式呢？以下即試論之。

　　祭祀用牲的儀式古已有之，前文第二章第一節談到祭法與祭品時，已引《周禮》〈春官‧大宗伯〉的「以血祭祭社稷五祀五嶽，以貍沈祭山林川澤，以疈辜祭四方百物」略為說明。對於供祭犧牲的宗教性，日本學者栗原圭介有如下的看法，其一、供進犧牲以祈祀神靈乃是為了祈求福祥，因此，供進犧牲被視為是一種很重要的祭奠儀式。其二、根據鄭玄的論語注：「禘祭之禮，自血腥始」，他推測鄭玄在禮學上具有尊重古禮的意圖。也就是說，在古代社會的祭祀是「薦其血毛，腥其俎」〔註44〕。簡言之，供進犧牲是用以祈求福祥的祭品，採用血腥祭祀具有上古祭祀的遺習，而這種遺習又被保留於禮學的規範中，成為遵行古禮的理論依據。栗原的論述係基於探討《禮記》的宗教性，但仍可作為我們對照南北朝時期祭祀不用牲之思想的參考。

　　前文已說明，按照儒家理想的分類，祭祀屬於禮的性質，雖然載籍的思想是古代的，但在議禮的時候，這些古代的思想往往成為行為合理化的依據。但是，當所依循的做法未能在禮書中得到根據時，其它的經書遂成為援引的憑藉。南北朝時，當朝廷意欲將部分官方祠祀改用蔬食祭祀時，便發生了這樣的情形。據《魏書》〈禮志〉載：

> 朕承天事神，以育群品，咸秩處廣，用牲甚眾。夫神明正直，享德與信，何必在牲。《易》曰：『東鄰殺牛，不如西鄰之礿，實受其福。』苟誠感有著，雖行潦菜羹，可以致大嘏，何必多殺，然後獲祉福哉！其命有司，非郊天地、宗廟、社稷之祀，皆無用牲。〔註45〕

此詔為北魏孝文帝延興二年（472）所下，然主其事者為太上皇獻文帝，史載其時歲用牲七萬五千五百，獻文帝深愍生命，因有是詔。其論理的根據首先是「夫神明正直，享德與信，何必在牲？」而後引《易經》推出只要虔誠致

〔註43〕關於僧人的遊方及其作用，可參侯旭東，《五、六世紀北方民眾佛教信仰》（北京：中國社會科學出版社，1998年），頁27～36。

〔註44〕栗原圭介，《禮記宗教思想の研究》（東京：明德出版社，1969年），頁155～158。

〔註45〕《魏書》，卷一○八〈禮志〉，頁270。

祭，不用殺生也可以獲得福祉。從此詔的行文看來，並未見有佛教戒殺生觀念的字眼，不過，獻文帝曾與佛教有過接觸〔註46〕，或許確曾受佛教影響而沒有表現於詔文中亦未可知。無獨有偶，南朝梁武帝於天監十六年（517）也曾下詔禁供牲腥，悉薦時蔬，其詔曰：

> 夫神無常饗，饗于克誠，所以西鄰礿祭，實受其福。宗廟祭祀，猶有牲宰，無益至誠，有累冥道。自今四時蒸嘗外，可量代。〔註47〕

其論理的根據與獻文帝詔頗有類似之處，均以「誠」爲致祭的根本，牲牢之禮並非不可變更的常式。所不同的是，梁武帝詔中，「有累冥道」一語透露出些許佛教思想的意味。梁武帝本人是虔誠的佛教徒，然而在郊廟祭祀的討論中，佛教性的用語仍如此隱晦，筆者以爲此與「佛教無祠祀」以及禮學的傳統有關。蓋佛教僅行燒香禮拜而不致饗祀，與郊廟祭祀本爲不相干的宗教體系，且禮法所重者在於合乎古制，二帝捨牲而薦蔬，於禮典中無法尋得足夠的理論根據，故只能求諸《易經》以爲奧援，南北懸隔，前後相差四十五年，二帝在爲祭祀改用蔬食而尋找理論根據時，所依據的典故卻同出一轍，這事當非偶然，乃愈益顯示出祭祀而不用牲之舉在郊祀禮學中是沒有根據的。

郊廟祭祀爲國家大事，釐定致牲或薦蔬必須合乎一定的程序，但是民間山神祠廟祭祀的用牲與否則視信徒的信仰是否受佛教影響而定，其中具有主動影響力的則是傳教的僧侶。前文論述山神祠與佛寺的關係時，曾引用僧傳提及山神拜僧侶爲師，請授五戒或菩薩戒的例子。若從祠祀的角度而言，這些山神既皈依受戒，他們的饗祀內容也受到影響。僧傳中即有多起關於山神因受戒而改薦蔬食的例子，如《高僧傳》〈釋法度傳〉載：

> 忽聞人馬鼓角之聲，俄見一人持名紙通度曰靳尚，度前之，尚形甚都雅，羽衛亦嚴，致敬已乃言：「弟子王有此山七百餘年，神道有法，物不得干，前諸栖託或非眞正，故死病繼之，亦其命也。法師道德所歸，謹捨以奉給，并願受五戒，永結來緣。」度曰：「人神道殊，無容相屈，且檀越血食世祀，此最五戒所禁。」尚曰：「若備門徒，輒先去殺。」於是辭去，明旦度見一人送錢一萬香燭刀子，疏

〔註46〕獻文帝曾行幸武州山石窟寺、鹿野苑與石窟寺，其本人「雅薄時務，常有遺世之心」，「希心玄古，志存澹泊」，因此其思想是否受佛教影響，當持保留態度。《魏書》，卷六〈顯祖紀〉，頁128～131。

〔註47〕此詔下於天監十六年（517）四月，同年十月再議去脯脩之類，「自是訖於臺城破，諸廟遂不血食。」《隋書》，卷七〈禮儀志〉，頁134。

云：「弟子靳尚奉供。」至月十五日度為設會，尚又來同眾，禮拜行道受戒而去。嶍山廟巫夢神告曰：「吾已受戒於度法師，祠祀勿得殺戮。」由是廟用薦止菜脯而已。〔註48〕

又如《續高僧傳》〈感通篇中·荊州神山釋道穆〉載：

初入荊州神山，將事巖隱，感迅雷烈風震山折木，神蛇繞床，群虎縱吼，穆心安泰然，都無外想。……山神變形謝過云：「是田伯玉也，來請受戒。」及施法式，諸毒潛亡，祭祀絕於羶辛，祈澤應時雲雨。〔註49〕

前一例中，山神靳尚認為釋法度乃道德所歸，願意捨施奉給，並接受五戒。釋法度對他的請求略有推卻，除了「人神道殊」之外，最主要的原因當在於山神血食世祀，觸犯五戒。後一例中，原本驅遣雷、風、蛇、虎以恫嚇僧侶的山神，在皈依受戒後，祭祀也斷絕了羶辛。從這兩個例子中，我們可以看到，僧侶對於山神並未採取脅迫的方式，而是以本身的德行感化他們，使他們自發性地接受佛教的戒規。

僧傳中這些記載容或神異不經，然而卻反映了僧侶對山神信仰的改造。由此也可看出，佛教與祠祀信仰的衝突之處主要即在於血食與戒殺。關於僧侶改造山神的例子，《高僧傳》中即已有記載，至《宋高僧傳》尚仍有之，其延展的時間約在南朝齊至唐代之間，而且《宋高僧傳》記述的內容更加生動而具戲劇性，唐代僧人釋代病勸山神歸戒的故事即是個顯著的例子。略錄其文如下：

其中山神廟晉絳之間，傳其胗蠁，代病入廟勸其受歸戒，絕烹燀牲牢。其神石像屢屢隨勸領首，顧其神婦，略無俞答之狀，遂剃神之髮，毀撤神婦。鄉人怪之，聞白州邑。太守怒之曰：「此唐高祖初起至此，久困陰雨，其神見形示路，以迎義師。厥後礱石為像，薦饗無虧。此之髡師無狀敢爾。」俾繫閉於嘉泉寺，扃鍵且嚴。〔註50〕

相較於前引二例，釋代病對山神的勸化是主動的，而對於猶豫的山神婦則採取毀撤的強烈態度。不過，他的行為在鄉人與太守的眼中對於山神是不敬的，太守並以山神迎義師有功而廟遭唐突，因此將釋代病拘閉於寺院，嚴加

〔註48〕 《高僧傳》，卷八〈釋法度〉，頁380。

〔註49〕 《續高僧傳》，卷二十五〈感通篇中·荊州神山釋道穆〉，頁658-2。

〔註50〕 《宋高僧傳》，卷二十六〈興福篇第九·唐晉州大梵寺代病師〉，頁877-3。收入《大正新修大藏經》，第五十卷，史傳部二。

看管。從這則故事內容的喻意中，我們或許可以推測，直到唐代，祠祀信仰與佛教間仍存在對立的關係，佛教對於神祠血祀的習俗雖有所影響，但卻一直未能全面革除。

第三節　包容與互斥——祠祀信仰與佛教的互待之道

關於祠祀信仰與佛教的互待之道，前文已略有提及，東漢時期，佛教初傳，由於教義未明，人們視佛陀為方仙道術一類的神明，祭祀上也採用祠祀的方式。其後，佛教教義漸明而傳播愈廣，當佛教成為異於祠祀的客體，且由於君主的崇信與提倡，在政治與社會上具有相當的影響力時，它的性質與定位遂成為爭議的焦點。前文論及「祭祀不用牲」時，曾略述關於禮法議論的傳統，佛教對中國而言乃外來之物，先秦墳典所不載，既無前跡可循，議論者如何援引相類的文獻以資比附，成為觀察古人如何認知與對待新事物的一處視窗。佛教本不祠祀，對於中國本有的祠祀信仰，它的態度又如何呢？上一節在討論「牲禮與戒殺」時，對於佛教與祠祀信仰的對立關係也做了初步的探論。在這些基礎上，本節意欲進一步探討祠祀信仰與佛教的互待之道。

一、比附禮學——為崇信佛教尋找依據

首先，從士大夫議論佛教與祠祀的關係談起。據《晉書》〈藝術傳・佛圖澄〉所載，石趙時，由於佛圖澄法化施行，百姓多營造佛寺，相競出家，眞僞相混，石季龍下議於群臣，著作郎王度曾有奏議曰：

> 佛，外國之神，非諸華所應祠奉。漢代初傳其道，惟聽西域人得立寺都邑，以奉其神，漢人皆不出家。魏承漢制，亦循前軌。今可斷趙人悉不聽詣寺燒香禮拜，以遵典禮，其百辟卿士下逮眾隸，例皆禁之，其有犯者，與淫祀同罪。其趙人為沙門者，還服百姓。
> 〔註51〕

這裡，我們看到了士大夫主張禁斷百姓崇拜佛教的初例。在此議論中，佛被視為外國之神，這是王度對佛之性質的認知，並以此為基礎，將祠祀與佛教連比成相類的兩個信仰，因為佛是外國之神，不在禮典載祀的範圍之內，因

〔註51〕《晉書》，卷九十五〈藝術傳・佛圖澄〉，頁 2487。

此，王度建議比照淫祀的處理辦法，禁止百姓詣寺燒香禮拜。王度的觀點具有夷夏之分的意味，並得到多數朝士的附和。但石季龍對此則別有所見，他說：

> 朕出自邊戎，忝君諸夏，至於饗祀，應從本俗。佛是戎神，所應兼奉，其夷趙百姓有樂事佛者，特聽之。〔註52〕

石季龍區別了佛教與饗祀的差異，以佛為胡神，饗祀則為華夏的祭禮，兩者可同時並存。王度與石季龍的觀點成為北朝時期討論佛教與祠祀之關係的一個模式。王度從禮學的角度看待佛教的見解被進一步地發揮〔註53〕，如同前文述及蔬食祭祀的禮學議論一般，若干奉佛者也在禮書中尋找崇拜佛陀的理論根據。此外，以佛為胡神的觀點還為反佛者所援引，成為廢佛的理由之一，如北魏太武帝在廢佛的詔書中即說：

> 朕承天緒屬，當窮運之敝，欲除偽定真，復羲農之治，其一且蕩除胡神，滅其蹤跡，庶無謝于風氏矣。自今以後，有敢事胡神及造形像泥人、銅人者，門誅。〔註54〕

太武帝在詔書中將佛貶斥為胡神，並揭示「除偽定真，復羲農之治」的目標，與石季龍分別夷、夏而處置，在理論上多少有點相似之處，但最後的結果卻是一存一廢，南轅北轍。

　　至於從禮學的角度為信奉佛教尋找理論的依據，這在北魏道武帝時已可見其端倪，他在〈修建佛寺詔〉中說：「夫佛法之興，其來遠矣。濟益之功，冥及存沒，神蹤遺軌，信可依憑。」〔註55〕又在〈與朗法師書〉中說：「皇帝敬問太山朗和尚，承妙聖靈，要須經略，已命元戎，上人德同海嶽，神算遐長，冀助威謀，克寧荒服。」〔註56〕其中所謂的「濟益之功」與「冀助威謀，克寧荒服」，應都是指說佛教或僧人的教化有助於王政，此點乃是與《禮記》「功施於民而得祀」相通的契機。後經太武帝廢佛，文成帝（452～465）復

〔註52〕《晉書》，卷九十五〈藝術傳・佛圖澄〉，頁2487。

〔註53〕當然，這種觀點未必是王度所始發，如東晉成帝（326～342）時，在辯議是否宜對先帝手繪的佛像作頌時，禮學家蔡謨即曾說過：「佛者，夷狄之俗，非經典之制。……今欲發王命，敕史官，上稱先帝好佛之志，下為夷狄作一象之頌，於義有疑焉。」蔡謨所謂的經典之制，所指的應該就是禮學的經典。《晉書》，卷七十七〈蔡謨傳〉，頁2035。

〔註54〕《魏書》，卷一一四〈釋老志〉，頁3034。

〔註55〕《魏書》，卷一一四〈釋老志〉，頁3030。

〔註56〕《廣弘明集》，卷二十八〈與朗法師書〉，頁322-1。

佛時，其〈修復佛法詔〉中則巧妙地將佛教與「祭典載功施之族」連結起來，茲節錄其文如下：

> 夫為帝王者，必祇奉明靈，顯彰仁道，其能惠著生民，濟益群品者，雖在古昔，猶序其風烈。是以《春秋》嘉崇明之禮，祭典載功施之族。況釋迦如來功濟大千，惠流塵境，等生死者歎其達觀，覽文義者貴其妙明，助王政之禁律，益仁智之善性，排斥群邪，開演正覺。故前代已來，莫不崇尚，亦我國家常所尊事也。……各當局分，皆足以化惡就善，播揚道教也。〔註57〕

引文中，佛陀被擬視為「惠著生民，濟益群品」的「功施之族」，認為他功濟大千，能「助王政之禁律，益仁智之善性，排斥群邪，開演正覺」，順理成章地成為可以被認同而尊事的對象。

　　類似的做法在孝明帝神龜二年（519），崔光勸諫靈太后躬登永寧寺的九層佛圖時也可以看到，他除了強調以靈太后「柔懦之寶體，乘至峻之重峭」的危險性，也引「禮」作為譬喻，他說：

> 《禮》，將祭宗廟，必散齋七日，致齋三日，然後入祀，神明可得而通。今雖容像未建，已為神明之宅。〔註58〕

崔光本人「崇信佛法，禮拜讀誦，老而逾甚」〔註59〕，對於佛教教義當有深入的瞭解；然而，當他為了勸止靈太后躬登九層佛圖，卻也引用祀禮中有關宗廟祭祀的「神明」觀念，比附說明佛像與佛圖的關係。當然，這些作法只是一種根據禮學理論的比附手段，並非真將佛教納歸於祠祀的範疇。

二、釐清畛域——辨佛教與祠祀的性質、先後與功能

　　再者，北魏自宣武帝（500～515）以後，由於統治者（主要為皇帝與皇太后）崇佛甚深，有關佛事的耗費頗鉅，漢族士大夫於奏諫時往往就佛教與祠祀而分其畛域與優先次序，於是，佛教與祠祀的性質、界限、先後和功能又成為論議的新焦點。先是宣武帝專志於佛教典籍而不涉獵儒家的經典墳籍，中書侍郎裴延儁即曾上疏諫曰：

> 臣聞有堯文思，欽明稽古；……先帝天縱多能，克文克武，營遷謀

〔註57〕《魏書》，卷一一四〈釋老志〉，頁3036。
〔註58〕《魏書》，卷六十七〈崔光傳〉，頁1495。
〔註59〕《魏書》，卷六十七〈崔光傳〉，頁1499。

伐，手不釋卷。良以經史義深，補益處廣，雖則劬勞，不可暫輟。
斯乃前王之美實，後王之水鏡，善足以遵，惡足以誡也。陛下道悟
自深，淵鑒獨得，昇法座於宸闈，釋覺善於日宇，凡在聽矚，塵蔽
俱開。然《五經》治世之模，六籍軌俗之本，蓋以訓物有漸，應時
匪妙，必須先粗後精，乘近即遠。伏願經書玄覽，孔釋兼存，則內
外俱周，眞俗斯暢。〔註60〕

在裴延儁的上疏中，我們可以看到幾項對立性的語詞，如先後、粗精、近
遠、內外與眞俗等詞，這些語詞被裴延儁用來闡述孔、釋性質上的差異，從
這種分析方式看來，顯然已頗能掌握佛教的特點，較諸石趙時王度直斥佛爲
外國之神，在理論上已深入許多，亦可反映這一時期士大夫對佛教認識的水
平。裴延儁的疏文主要表達了兩個觀點：（一）儒家經史的義理深厚，是治世
之模、軌俗之本，身爲帝王應多加吸收，不可暫輟。（二）在閱讀典籍方面，
他主張儒、佛兼存，但須別其先後。蓋以儒經爲治世之資，是實務性且切近
日用的，因此稱之爲粗、近、外與俗。至於佛教則講求道悟、覺善以掃除塵
蔽，是遠離塵俗而屬於心靈的、內在世界的義理，因此稱之爲精、遠、內與
眞。二者雖可兼存，但在順序上仍應以儒經爲先。裴延儁的看法雖然是針對
帝王閱讀典籍的內容而發，但他分疏儒、佛的畛域，論其功用與性質的觀點，
在後來北魏與北齊幾位士大夫議論禮事與佛事的言論中，應是具有先導與代
表性意義的。

宣武帝死後，孝明帝即位，政權由靈太后（515～528）所專擅。靈太后
時，北魏佛教的興盛可以說已達到了極點，著名的洛陽永寧寺——九級佛圖
即是由他發工建造的，可以說是當時最具代表性的佛教建築。對於靈太后大
興土木，營造佛寺，當時即有李崇上表進諫，略錄其文如下：

「……臣以爲當今四海清平，九服寧晏，經國要重，理應先營……
但事不兩興，須有進退。以臣愚量，宜罷尚方雕靡之作，頗省永寧
土木之功，并減瑤光材瓦之力，兼分石窟鐫琢之勞，及諸事役非急
者，三時農隙，修此數條。使辟雍之禮，蔚爾而復興；諷誦之音，
煥然而更作。……誠知佛理淵妙，含識所宗，然比之治要，容可小
緩。苟使魏道熙緝，元首唯康，爾乃經營，未爲晚也。」靈太后令
曰：「省表，具悉體國之誠。配饗大禮，爲國之本，比以戎馬在郊，

〔註60〕《魏書》，卷六十九〈裴延儁傳〉，頁 1528～1529。

未遑修繕。今四表晏寧，年和歲稔，當敕有司別議經始。」〔註61〕
李崇上表的動機原在於敦促朝廷應重視明堂禮樂與學校黌序的興作，從統治者在承平治化的觀點來看，這些施政具有象徵性的意義。不過，在靈太后時期，可能是將主要的心力、財力與人力投入佛事的造作，致使象徵禮樂教化的明堂與學校寢廢不振。李崇所謂的「事不兩興，須有進退」，在論述上即是將佛教與禮樂區別爲二物，並說：「誠知佛理淵妙，含識所宗，然比之治要，容可小緩。苟使魏道熙緝，元首唯康，爾乃經營，未爲晚也。」他點出佛理是形而上的，比之於實務性的「治要」，次序應當爲後。這個觀點與前述裴延儁的說法是相近的，不過，李崇是從實際施政的角度出發，指出了「治要」（在他的表文中所特指的是明堂之祀與學校）與佛教間先後的問題。

從裴延儁與李崇的議論中，我們逐漸看到佛教對儒教或祀禮產生的衝擊，由於統治者崇信佛教，營造佛寺，投入大量的人力與物力，直接影響了郊廟禮祀之事。李崇所諫者主要是明堂與學校興修的問題，其後，由於孝明帝崇信佛法，不親視朝政，郊廟之事多委由職司者處理，張普惠在上疏中對於佛教影響朝政與郊廟祭祀的情形便有率直的指摘，他說：

> 「臣聞明德卹祀，成湯光六百之祚；……故能馨香上聞，福傳遐世。……減祿削力，近供無事之僧；崇飾雲殿，遠邀未然之報。昧爽之臣，稽首於外；玄寂之臣，遨遊於內。愆禮忤時，人靈未穆。愚謂從朝夕之因，求祇劫之果，未若先萬國之忻心，以事其親，使天下平和，災害不生者也。伏願淑慎威儀，萬邦作式，躬致郊廟之虔，親紆朔望之禮，……然後精進三寶，信心如來。道由禮深，故諸漏可盡；法隨禮積，故彼岸可登。量撤僧寺不急之華，還富百官久折之秩。已興之構，務從簡成；將來之造，權令停息。仍舊亦可，何必改作。庶節用愛人，法俗俱賴。……」尋敕付外，議釋奠之禮。〔註62〕

張普惠的措辭較李崇更爲嚴厲，他認爲成湯以下的幾位帝王由於能夠「明德卹祀」，因此他們的國家都能享祚長久，北魏當朝卻厚事佛教，乃至「愆禮忤時，人靈未穆」。張普惠的上疏係針對皇帝不親事郊廟而發，由此我們也可以看到，佛教雖然已經形同北魏的國教，但在若干士大夫的眼中，郊廟之祀仍

〔註61〕《魏書》，卷六十六〈李崇傳〉，頁1472。
〔註62〕《魏書》，卷七十八〈張普惠傳〉，頁1737～1738。

應較佛教爲優先，甚至具有不可取代的地位。如同裴延儁與李崇的做法一樣，張普惠除了區分郊廟之祀與佛教的施行的先後外，更進一步地將「禮」灌注到佛教的道法之中。他提出「道由禮深，故諸漏可盡；法隨禮積，故彼岸可登」的觀點，意圖以「禮」做爲根本，以簡約與量撤爲原則，重新整飭佛寺的造作，使祿秩官政回歸常軌。由這一事例中，除了可以反映出北魏後期佛教衝擊了政治與郊廟祀禮的現實，也使我們對於士大夫如何據「禮」以批判佛教的活動，甚至策略性地以「禮」融合佛教教義的做法有更深一層的瞭解。

綜觀裴、李與張三人的論點，他們雖然區分儒、佛的先後，或者對佛教活動影響政事的情形有所批評，大體上對於佛教仍採取接納的態度。但他們的立場顯然是崇儒抑佛的，只是表現得不是那麼強烈，這點或許也與他們諫議的對象是皇帝有關。北齊文宣帝天保五年（554），樊遜在答皇帝問釋、道二教時，除了斥神仙方術爲虛妄，對於佛教的批評則著眼於出家、改形易貌與恣意放情，認爲這些情形都將使聖人的道風衰墜，對佛教採取了否定的態度。他說：

> 臣聞天道性命，聖人所不言，蓋以理絕涉求，難爲稱謂。……又末葉已來，大存佛教，寫經西土，畫像南宮。昆池地黑，以爲劫燒之灰；春秋夜明，謂是降神之日。法王自在，變化無窮，置世界於微塵，納須彌於黍米。蓋理本虛無，示諸方便。而妖妄之輩，苟求出家，藥王燔軀，波論灑血，假未能然，猶當克命。寧有改形易貌，有異生人，恣意放情，還同俗物。龍宮餘論，鹿野前言，此而得容，道風前墜。伏惟陛下受天明命，屈己濟民，山鬼效靈，海神率職。湘中石燕，沐時雨而群飛；臺上銅鳥，恕和風而杓轉。以周都洛邑，治在鎬京，漢宅咸陽，魂歸豐、沛、汾、晉之地，王跡維始，春言巡幸，且勞經略。……竊以王母獻環，由感周德；上天錫珮，實報禹功。二班勒史，兩馬製書，未見三世之辭，無聞一乘之旨。帝樂王禮，尚有時而沿革；左道怪民，亦何疑於沙汰。〔註63〕

樊遜一開始即點明「天道性命，聖人所不言，蓋以理絕涉求，難爲稱謂」，這種天道性命，理絕涉求的態度，表現在他對佛教的看法便是「理本虛無，示諸方便」。「理本虛無」的觀點帶有玄學的意味，但「方便」的觀點可能得自

〔註63〕《北齊書》，卷四十五〈文苑傳·樊遜〉，頁 611～612。

於佛教，樊遜卻以此否定了佛教出家、改形易貌的有形造作。他並認為帝王乃受天命以濟民，在馬、班父子的史書記載中，雖然未見佛教的「三世之辭」或「一乘之旨」，但聖王的德功同樣能上感神、天，致有「王母獻環」與「上天錫珮」的祥瑞。在引文的論述脈絡中，我們可以發現，雖然樊遜沒有直接說明帝王受命與王政經略的內涵，不過，從所謂的「山鬼效靈，海神率職」、神（王母）與天的感德報功以及帝樂王禮等字眼看來，實具有頗為強烈的官方祠祀文化的性質。最後，他以聖王的禮樂尚且與時而變化，因此，若以沙汰像神仙方術與佛教一類的左道怪民，是毋須遲疑的。由於官方祠祀常被視為禮樂中的一環，因此，雖然樊遜的議論主要是推崇禹功、周德的治世，但從聖王禮樂的角度來說，他的意見仍可作為觀察祠祀如何對待佛教的參考。

三、佛教對待祠祀的態度

　　從前節論列之僧侶為山神授戒的傳說並改造山神祠祭祀用牲的情形可知，基本上，佛教對於祠祀的神祇採取接納與包容的態度，但於違反五戒的祭俗則務求革除。佛教本為一多神信仰的宗教，諸神分布於六界，而以釋迦諸佛為解脫、超越六界輪迴的覺者，祠祀神祇的存在本在佛教宇宙觀的架構中，因此，當佛教面臨祠祀信仰的挑戰時，其相應的態度即是佛法內涵的展現。以下，筆者試以三國吳時張昱與康僧會辯難的例子以為解說。據《高僧傳》〈譯經上‧康僧會〉載：

> （孫）皓遣張昱詣寺詰（康僧）會，昱雅有才辯，難問縱橫，會應機騁詞，文理鋒出，自旦之夕，昱不能屈。既退會送于門，時寺側有淫祀者，昱曰：「玄化既孚，此輩何故近而不革？」會曰：「雷霆破山，聾者不聞，非音之細。苟在理通，則萬里懸應；如其阻塞，則肝膽楚越。」昱還歎會才明，非臣所測，願天鑒察之。〔註64〕

張昱的思想具有儒家聖王教化的傾向，他認為佛教的玄化既已普施於眾，按理「淫祀」應當斷絕，因此，他藉由佛寺旁邊尚有人行「淫祀」之祈，便說「玄化既孚，此輩何故近而不革」以譏責佛教。這種思考方式是將儒家教化觀念中「風行草偃」的普化作用，架在佛教玄化的運作模式上，忽略了受化個體的個別性差異，康僧會即是從這點切入，折服了張昱。因此，若視康僧會的辯言純為應機騁詞，很容易疏漏他對淫祀的這種態度與佛教教義上的聯

〔註64〕《高僧傳》，卷一〈譯經上‧康僧會傳〉，頁325-3。

繫。值得一提的是,東吳時,《法華經》尚未譯出,但康僧會的想法卻與《法華經》中一佛乘的思想深相契合。據《法華經》〈方便品第二〉載:

> 爾時,世尊從三昧安詳而起,告舍利佛:諸佛智慧甚深無量,其智慧門難解難入,一切聲聞、辟支佛所不能知。……佛所成就第一希有難解之法,唯佛與佛乃能究竟諸法實相。……止!止!不須說,我法妙難思,諸增上慢者,聞必不敬信。〔註65〕

淫祀者猶如聲聞、辟支佛等諸增上慢者,對於第一希有難解的佛法,即便聽聞,亦不敬信。此正如康僧會所言:「雷霆破山,聾者不聞,非音之細。」世尊對此情形知之甚明,故於開演法華前,再三稱歎甚深微妙難解之法,汰退罪根深重與增上慢之人。雖然諸佛智慧甚深無量,非聲聞與辟支佛所能知,但不表示佛法放棄了這群人,《法華經》〈方便品第二〉又說:

> 過去諸佛以無量無數方便、種種因緣、譬喻言辭而為眾生演說諸法,是法皆為一佛乘故。〔註66〕

過去諸佛權設種種方便、因緣與譬喻言辭以為眾生演說佛法,而非絕然地鄙棄,此可謂佛教對待未證道者的態度。佛教既視祠祀信仰的神祇為六界諸神,其境界斷不如釋迦諸佛等覺者,更遑論「淫祀」之流的神祇與供牲饗祀的民眾,因此,佛教對於祠祀信仰者的態度,與其說是包容,毋寧說它是化臨其上的演法者來得洽切。

在佛教義理的層次雖然如康僧會所言,但在佛教流行中國之後,佛教的殺生之戒與因果報應的觀念對祠祀卻產生相當大的影響,這些影響在宣揚佛教的志怪小說中特別容易看到。據《法苑珠林》〈祭祠篇〉載:

> 晉巴丘縣有巫師舒禮,晉永昌元年病死,土地神將送詣太山,俗人謂巫師為道路人,過福舍門前,土地神問吏,此是何等舍,門吏曰:「道人舍。」土地神曰:「是人亦是道人。」便以相付禮入門,見數千間瓦屋,皆懸竹簾,自然床榻男女異處,有誦經者,唄偈者,自然飲食者,快樂不可言。……太山府君問禮:「卿在世間皆何所為?」禮曰:「事三萬六千神,為人解除祠祀,或殺牛犢豬羊雞鴨。」府君曰:「汝罪應上熱熬。」使吏牽著熬所,見一物牛頭人身,捉鐵叉,

---

〔註65〕 《妙法蓮華經》,卷二〈方便品第二〉,頁5。收入《大正新修大藏經》,第九卷,法華部。

〔註66〕 《妙法蓮華經》,卷二〈方便品第二〉,頁7。

又禮著熬上，宛轉身體焦爛，求死不得。已經一宿二日，府君問主
者，禮壽命應盡，爲頓奪其命，校錄籍餘算八年，府君曰：「錄來。」
牛頭人復以鐵叉叉著熬邊，府君曰：「今遣卿歸終畢餘算，勿復殺生
淫祀。」禮忽還活，遂不復作巫師。〔註67〕

本則故事出於南朝宋劉義慶所纂《幽明錄》，劉義慶本人具有佛教信仰，此書
中也不乏宣佛的色彩。引文中，巫者舒禮死後被土地神送至太山地府，他所
看到的那些誦經與唄偈的人是「快樂不可言」，自己卻因「事三萬六千神，爲
人解除祠祀，或殺牛犢豬羊雞鴨」，獲判罪須上熱熬，致身體焦爛，求死不得。
其間待遇之懸殊，正在警戒世人，勿得殺生淫祀，此應即是佛教教義的宣揚。
後來，舒禮因故得以復甦回到人間，但已不再從事巫者的工作。撇開佛教義
理的層次，本則故事中對於從事殺生祠祀之巫者的懲戒，實應納入前述僧侶
改革山神祠祀用牲的脈絡來看，亦即，在實務上，祠祀的「殺生祭祀」與佛
教的「殺生之戒」是衝突、對立的，前言佛教對於祠祀信仰者而言是化臨其
上的演法者，其演法的主要內容之一即在於勸戒殺生。

四、巫與佛的關係

如前所述，部分的祠祀信仰中也可以看到巫覡的活動，他們扮演著傳達
神意，溝通信眾與神祇的角色。當然，並非所有的祠祀信仰都有巫覡的參與，
有些巫覡的活動也未必能視爲祠祀信仰的範疇，因此，此處談巫覡與佛教的
關係，乃是特就與祠祀有關的巫覡活動，而不是以巫覡爲祠祀信仰的全體。
本節前面的論述多較偏重於官方祠祀對待佛教的態度，此處論述巫與佛的關
係，則多少可以提供一點民間祠祀對待佛教的觀察角度。

前文談及山神祭祀改薦蔬食的情形時，曾引《高僧傳》〈釋法度傳〉以爲
說例，剛好，它也可以作爲我們探討巫與佛之關係的資料，爲了方便解說，
此處復略引相關段落於下：

至月十五日〔釋法〕度爲設會，〔靳〕尚又來同眾，禮拜行道受戒而
去。嵊山廟巫夢神告曰：「吾已受戒於度法師，祠祀勿得殺戮。」由
是廟用薦止菜脯而已。〔註68〕

故事中，釋法度在山神靳尚的積極爭取下，終於選定日期舉行法會，爲山神

〔註67〕《法苑珠林》，卷六十二〈祭祠篇〉，頁756。
〔註68〕《高僧傳》，卷八〈釋法度〉，頁380。

授戒。山神受戒之後，曾托夢於廟巫，告知自己已經受戒，山廟祭祀不得殺戮祭牲。於此，我們看到在佛教與祠祀的互動中，巫者扮演了媒介的角色。進而論之，此廟巫應當是承認佛力凌駕於山神之上，才會傳達出山神受戒，薦祭用菜脯的訊息。

從僧傳的記載中，我們也可以看到有些巫者也承認佛教神力的存在。事實上，這種現象並不限於僧傳，在正史與筆記小說中也均有類似的記載。此處先從僧傳的部分談起。據《續高僧傳》〈明律下・唐京師普光寺釋玄琬傳〉載：

> 釋玄琬，俗姓揚，弘農華州人也。……偏以苦節自修德，以律儀馳譽，言爲世範，緇素收歸。華夷諸國僧尼從具戒者三千餘人，王公僚佐爰及皂隸，從受歸戒者二十餘萬。……時有巫覡者云：「每至授戒說法，異類鬼神，諸方屯聚，如承受相。」自非至功冥被，孰能致乎？〔註69〕

釋玄琬苦節修德，受到當世極多人的歸從，且據巫覡的說詞，在法會中，往往有各類的鬼神屯聚，彷彿也在接受釋玄琬的說法與授戒。僧傳作者爲了彰顯他的修行的功力，故而引用巫覡的言語作爲佐助。從這條資料中，我們可以發現，巫者只是一個旁觀的描述者，他能看到一般人所無法看到的鬼神，他的功能之一亦是向一般人傳達鬼神活動的情形。例如，在《冥祥記》中載有一則故事：

> 宋齊僧欽者，江陵人也，家門奉法，年十許歲時，善相占云：「年不過三六。」父母兄弟甚爲憂懼，僧欽亦增加勤敬齋戒精苦。至年十七，宋景平末，得病危篤，家齋祈彌勵，亦淫祀求福，疾終不愈。時有一女巫云：「此郎福力猛盛，魔魁所不能親，自有善神護之；然病久不差，運命或將有限。世有探命之術，少事天神，頗曉其數，當爲君試效之。」於野中設酒脯之饋，燒錢經七日七夕，云：「始有感見，見諸善神方爲此郎祈禱，蒙益兩算矣，病必得愈，無所憂也。」僧欽於是遂差，彌加精至，其後二十四年而終，如巫所言，則一算十二年矣。〔註70〕

齊僧欽家門奉法，又齋戒精苦，從他的名字也可以看出，他所信奉的應爲佛

〔註69〕《續高僧傳》，卷二十二〈明律下・唐京師普光寺釋玄琬傳〉，頁616。
〔註70〕王琰，《冥祥記》，收錄於《魯迅全集（八）・古小說鈎沉》，頁613。

教。因此，引文中女巫以探命之術所感見的善神也可能是佛教之神〔註71〕。在這則故事中，巫者所說的「此郎福力威猛」，語氣上似與相術接近；再者，巫者是在佛教的齋祈與祠祀的求福兩者均無效之後出現，似乎也暗示了巫者所施行的是與佛教、祠祀相異的一種道術。引文所稱的「探命之術」與「天神」或係這種道術的其中一種，而巫者正是這種法術的主持者。如果巫者所感見的善神確屬佛教之神，那麼，這種情形也許正意味著《冥祥記》的作者認為：巫者亦能施行法術以與佛教的神界相通。這類有關巫與佛的故事在後世當有更多、更廣的發展，是值得繼續探究的課題。

　　再者，從《北齊書》所載的一則巫的預警之語中，似乎也顯示出佛教事物在巫者的眼中具有神性的存在。略錄其文如下：

> 鄴北城有白馬佛塔，是石季龍為澄公所作，〔高〕儼將修之。巫曰：
> 「若動此浮圖，城北失主。」不從，破至第二級，得白蛇長數丈，
> 回旋失之，數旬而敗。〔註72〕

高儼是北齊武成帝之子，後為後主所忌而被殺害。此處發言的巫者可能是隨行的巫祝，對於高儼欲修浮圖的行為提出預警。在「若動此浮圖，城北失主」這句話中，推其因果，似乎是因為浮圖具有某種神異的禁忌，是不容許被易動的，否則便會產生不好的結果。

　　從上述的例子看來，作為祠祀信仰中的靈媒角色，巫覡承認佛教之神的存在，然而，在祠祀與佛教的互動中，由於他們的溝通，或許也助成了佛教改造祠祀的工作。在上述的故事中，巫覡多只作為一位媒介的描述者或預言者，而沒有真正涉入佛教的具體活動中。當然，我們必須考慮到，目前所見有關於巫者的資料多為官方或佛教人士所留下，未見有巫者自行撰著的資料，可供我們瞭解他們的立場。因此，所得的巫、佛關係免不了有立場上的偏差，如前引《法苑珠林》中巫者舒禮因殺生祠祀而下至太山地府被刑罰，即是個顯著的例子。又如《幽明錄》中甚至載說某位巫者「能卜相，作符水，治病多愈，亦禮佛讀經」〔註73〕，為巫者添加了奉行佛事的色彩。此外，從

〔註71〕「善神」一詞於佛經中常可見到，如《六度集經》，卷三〈布施度無極經〉：「八方上下，天龍善神，無不助喜。」頁12-2。收入《大正新修大藏經》，第三卷，本緣部上。又如《阿難問事佛吉凶經》：「齋戒不厭，心中欣欣，常為諸天善神擁護。」頁754-3。收入《大正新修大藏經》，第十四卷，經集部一。
〔註72〕《北齊書》，卷十二〈武成十二王傳・高儼〉，頁163。
〔註73〕《幽明錄》，收入周光培編，《歷代筆記小說集成（一）・漢魏筆記小說》（石

治療疾病的功能上，佛教對於巫者的醫療功能是採取拒斥與否定的態度，如《佛說阿難問事佛吉凶經》所載：

> 若有疾病，了不念佛，便呼巫師，卜問祠祀，請乞邪神，天神離遠，
>
> 不得善護，妖魅日進，惡鬼屯門，令之衰耗，所向不諧。〔註74〕

引文中，佛經作者對於罹患疾病者不念佛，卻求助於巫師、祠祀它神的行為提出批評。對此，林富士在討論六朝時期的巫覡與醫療時，曾旁舉一些例子，認為巫和佛在醫療上也存在著競爭的關係〔註75〕。總之，這些事例雖然未可視為確實發生的事實，但這種記載本身即是一種態度的呈現，也又是說，我們仍可將它們視為部分佛教徒對待巫者的一種觀念的傾向。當然，在兩者的互動中佛教亦有受巫覡影響的情形，這部分容待日後再深入探討。

家莊：河北教育出版社，1994 年），頁 818。有關《幽明錄》記載的性質與此條資料的相關討論，可參見林富士，〈中國六朝時期的巫覡與醫療〉，《中央研究院歷史語言研究所集刊》第七十本第一分，1999 年 3 月，頁 9。

〔註74〕《佛說阿難問事佛吉凶經》，卷十四，頁 753。

〔註75〕林富士，〈中國六朝時期的巫覡與醫療〉，《中央研究院歷史語言研究所集刊》第七十本第一分，頁 37。

第六章　結　論

　　祠祀信仰是中國傳統宗教的主要內涵，其淵源甚早，在政治、社會、經濟、軍事、禮學、民眾的精神與生活等層面均有深遠的影響，是研究中國文化時不可輕忽的一個重要範疇。先秦時，大致已經發展出祭祀天神、地祇與人鬼的祠祀體系，官方祠祀有明顯禮制化的傾向，民間祠祀則時有新變，但常受統治者的節制。自東漢至北朝期間，中國內部發生一些巨大的變動，如佛教傳入、統一帝國瓦解、北亞草原民族進入中原建立政權等，對中國本土的祠祀信仰產生了不少衝擊與影響。就民族、宗教與文化的融合而言，北朝明顯處於一個過渡性的階段，祠祀信仰在此時所引發的種種現象，不僅具有強烈的時代特色，也有助於我們理解隋唐的祠祀文化。

　　北亞草原民族所建的政權中，鮮卑拓跋魏享國最久，影響也較大。北魏初的官方祠祀中尚雜有若干鮮卑舊俗，至孝文帝改革時，才大致被革除。不過，由於政權與民族等因素，史書中仍可見到胡天神信仰的蹤跡，顯示這時期除了佛教之外，祠祀信仰尚有一些新成分出現。但胡天神的信仰似乎並未影響到中原地區的漢民族，北齊與北周時，部分的胡天神崇拜之所以復起，則與拉攏北亞民族的政治策略有關。北朝雖多屬胡族建立的政權，但在官方的祠祀禮制上，卻是朝著革除胡天神信仰與建立中原禮制的大勢而發展。它在官方祠祀的運作模式與對待民間祠祀的態度這兩方面，可以說大致仍沿續兩漢以下的政治傳統。

　　祠祀與佛教的關係是隨著時代發展而轉變的，東漢時，人們將佛陀視為神明之屬，以祠廟的齋戒饗祀行之於佛祠。但到南北朝時，佛教已經從這種祠祀神道之中蛻脫出來，轉而以較為強勢的力量改造祠祀，這種情形至少持

續到唐代仍可見到。佛教對民間祠祀的影響大致可從兩個方面來談，一是佛教成分的祠祀化，譬如佛教神祇（包括佛陀、菩薩等）或神僧，也逐漸被納入祭祀的體系中，成為新的祭祀對象。如有些佛寺被稱為家寺，人們將祖先像置於佛寺中，也常見有為先人薦齋祈福的情形，這些是佛教對祖先崇拜較顯著的影響。又如有些地方的百姓對於惠民循吏採取立寺祈福的方式，而非傳統的立祠饗祀，這點或許也可視為佛教與祠祀因「祈福」而產生的一種融合。二是祠祀的佛教化，例如部分的祠祀在祭品上改牲薦蔬的變化，又如佛教的閻羅地獄思想凌駕於泰山掌鬼的死後世界觀。這些變化雖不盡然發生或完成於北朝，卻是可以在這個時期追索其源頭或過程。

官方祠祀涉及皇權統治的合理性問題，在儒家復古尊禮的思想下，佛教對官方祠祀的影響不大。北魏獻文帝和梁武帝時曾試圖改革牲為蔬食，他們在儒家禮典中找不到理論的根據，只能乞靈於《易經》。佛教對官方祠祀的影響主要表現在皇帝或太后崇佛過甚，排擠了官方祠祀的活動。士人在勸諫時，曲盡其妙地將佛教的教義融合於祠祀的概念，一方面為信奉佛教尋找合禮的解釋，一方面則是希望皇帝或太后能以祠祀禮制調節其奉佛之心。

雖然異民族入主與異文化傳播對祠祀信仰投入不少變數，不過，有些祠祀現象似乎自有它長期發展的趨勢。其一、天神與地祇本屬自然神，但很早就有朝向人格化發展的趨勢，甚至東晉時已有以世俗官爵冊封山神的情形。若將這種冊封行為視為官方祠祀接受神祇人格化的指標，則這種現象是直到唐朝的武后與玄宗時才確立的。至於促使神祇朝向人格化發展的原因為何，尚有待更深入的研究。其二、祠祀信仰流布於統治階層與民眾之間，因祈祭者的身分不同，大致可分為官方祠祀與民間祠祀。官方祠祀的神祇較有體系性，並以儒家禮法為節制，而民間祠祀的神祇則來源多方，往往有巫覡活動於其中。官方將祠祀視為政治教化的一環，對於不合乎禮法的祠祀活動，往往斥之為淫祀，從朝廷到地方官，常可見到干預，乃至禁毀民間祠祀的情形。儘管如此，為了驅動人民，官方或起事者常以「神道設教」的手法利用祠祀；至於民眾，對那些在政治上遭受讒誣而死者，也多以立祠方式表達他們的價值判斷，無形中成為當政者的壓力。祠祀信仰的複雜多變，一方面來自於它自身多神信仰的屬性，一方面則是因為它容易挑動統治者的敏感神經。此外，官方祠祀的神祇並非固定不變，有許多本屬民間祭祀的神祇，後來也被吸納入官方的神祇體系中，如靈星、高禖與雩等。

　　祠祀信仰的祭祀場所，除了以山川本身作爲天然的祭場，後來發展出壇、臺、屋宇等多種祭祀建築，名稱各異，主要係以祠、廟、神、祀、社、石室、仙室、壇等爲底字，在泛稱時也有複合性的用法，如祠堂、祠廟、祠屋、廟室、神廟與神壇等。東漢以降，由於佛教初傳，人們以祠祀的方式事佛，曾存在過佛寺與祠廟名稱相混的情形；至北朝時，佛教已有相當程度的傳布，寺祠相混的情形卻仍存在。名稱相混的現象雖同，其內涵卻大異其趣，前者是以祠廟的形式奉佛，後者則是因佛教強勢地吸納或收編了舊有祠廟。

　　北朝祠祀信仰的研究能夠有進一步的突破，有賴於《魏書》〈地形志〉與《水經注》中豐富的祠廟資料。關於北朝各類祠廟的數量和比率，根據上述兩份資料的統計分析，所得結果是相近的，亦即人鬼神祠所佔的比率最高，其次爲山神祠，再次爲其它類，水神祠爲最末。然而，若將山神與水神合計，則數量超過其它類。這種比率高低所顯示的意義可大致解說爲，人鬼神祠的增加是隨時代而累積的，愈後來則祠數愈多，其餘各類神祠的數量未嘗不因時代的演變而增加，然在歷代禁「淫祀」的政策下每遭阻扼，發展遂受影響。此外，山川神祠具有祈雨的功能，這類神祠分布於各地山川之所，數量亦甚夥，顯示在傳統農業社會，人民對於降雨的強烈需求與他們的乞靈之道。

　　祠廟以單一地域性者爲多，跨地域性的祠廟比較少見，這種現象的產生，除了許多先天條件與環境因素之外，也有一些人爲的因素。以蜀漢末的諸葛亮廟與後趙時的介子推祠爲例，由於政治禁忌的關係，統治者畏懼祠祀勢力擴張而採限地祭祀的策略，當是促使人鬼神祠地域性格形成的主因之一。不過，也有幾個特殊的例子，如堯祠、伍子胥祠與漢高祖廟等，它們都是跨地域性的祠廟，其中堯祠的廣布可能是因爲它被附加了祈雨的功能。伍子胥祠的縱跨黃河、淮水、長江與錢塘四大水域，原因如何則尚待研究。

　　總之，祠祀信仰是人心欲求的一種宗教性表現，其內容龐雜，不論是它自身的演變，或它所引發的現象，以及與其它宗教間的互動關係，都能作爲我們觀察人性與社會的窗口，值得深入探究。

附　錄

附錄一：五胡時期祭祀資料表

致禮者	禮別	內　　　容	資 料 出 處
丘　沈	郊　祀	建元神鳳（303），郊祀、服色依漢故事。其有不應其募者，族誅。	《晉書》，卷一○○〈張昌傳〉，頁2613。
漢劉淵	南　郊	永興元年（304），元海乃爲壇于南郊，僭即漢王位，……立漢高祖以下三祖五宗神主而祭之。	《晉書》，卷一○一〈劉元海載記〉，頁2649。
漢劉聰	太　廟	劉曜陷長安外城，愍帝使侍中宋敞送牋于曜，帝肉袒牽羊，輿櫬銜璧出降。及至平陽，聰以帝爲光祿大夫、懷安侯，使粲告于太廟，大赦境內，改年麟嘉（316-317）。	《晉書》，卷一○二〈劉聰載記〉，頁2673。
前趙劉曜	宗　廟南北郊社　稷	繕宗廟、社稷、南北郊。以水承晉金行，國號曰趙。	《晉書》，卷一○三〈劉曜載記〉，頁2685。
後趙石勒	社　稷宗　廟	太興二年（319），……依春秋列國、漢初侯王每世稱元，改稱趙王元年。始建社稷，立宗廟，營東、西宮。（趙承金爲水德）	《晉書》，卷一○五〈石勒載記〉，頁2735。
	郊　祀宗　廟	勒以百姓始復業，資儲未豐，於是重制禁釀，郊祀宗廟皆以醴酒，行之數年，無復釀者。	《晉書》，卷一○五〈石勒載記〉，頁2739。
	南　郊郡縣立祠	勒南郊……禁州郡諸祠堂非正典者皆除之，其能興雲致雨，有益於百姓者，郡縣更爲立祠堂，殖嘉樹，準嶽瀆已下爲差等。	《晉書》，卷一○五〈石勒載記〉，頁2748。
	明　堂	起明堂，辟雍、靈臺于襄國城西。	《晉書》，卷一○五〈石勒載記〉，頁2748。
後趙石季龍	祀郊廟	季龍荒游廢政，多所營繕，使邃省可尚書奏事，選牧守，祀郊廟；惟征伐刑斷乃親覽之。	《晉書》，卷一○六〈石季龍載記〉，頁2762。

石季龍	告宗廟社稷	季龍將遷于鄴，尚書請太常告廟，季龍曰：「古者將有大事，必告宗廟，而不列社稷。尚書可詳議以聞。」公卿乃請使太尉告社稷，從之。	《晉書》，卷一〇六〈石季龍載記〉，頁2763。
	南 郊	禁郡國不得私學星讖，敢有犯者誅。……左校令成功段造庭燎于崇杠之末，……於是依殷周之制，以咸康三年（337）僭號稱大趙天王。即位于南郊，大赦殊死已下。	《晉書》，卷一〇六〈石季龍載記〉，頁2765。
	飲至之禮	至鄴，設飲至之禮，賜俘偏於丞郎。	《晉書》，卷一〇六〈石季龍載記〉，頁2768。
	祠天及五 郊	時白虹出自太社，經鳳陽門，……於是閉鳳陽門，唯元日乃開。立二時于靈昌津，祠天及五郊。	《晉書》，卷一〇六〈石季龍載記〉，頁2776。
	藉 田 先 蠶	永和三年（347），季龍親耕藉田于其桑梓苑，其妻杜氏祠先蠶于近郊，遂如襄國謁勒墓。	《晉書》，卷一〇六〈石季龍載記〉，頁2781。
	祈山川	命石宣祈于山川，因而游獵。	《晉書》，卷一〇六〈石季龍載記〉，頁2782。
	南 郊	以永和五年（349）僭即皇帝位于南郊，大赦境內，建元曰太寧。	《晉書》，卷一〇六〈石季龍載記〉，頁2785。
前 秦 苻 堅	南北郊明 堂 藉 田	堅起明堂，繕南北郊，郊祀其祖洪以配天，宗祀其伯健于明堂以配上帝。親耕藉田，其妻苟氏親蠶於近郊。	《晉書》，卷一一三〈苻堅載記〉，頁2886。
	飲 禮 祭 孔	堅自鄴如枋頭，讌諸父老，改枋頭爲永昌縣，復之終世。堅至自永昌，行飲至之禮，歌勞止之詩，以饗其群臣。赦慕容暐及其王公已下，皆徙於長安，封授有差。堅於是行禮於辟雍，祀先師孔子，其太子及公侯卿大夫士之元子，皆束脩釋奠焉。	《晉書》，卷一一三〈苻堅載記〉，頁2893。
	南北郊宗 廟 社 稷 河 嶽	其年寢疾，堅親祈南北郊、宗廟、社稷，分遣侍臣禱河嶽諸祀，靡不周備。猛疾未瘳，乃大赦其境內殊死已下。	《晉書》，卷一一四〈苻堅載記·王猛〉，頁2933
前 燕 慕容皝	藉 田	咸康（335-342）初，立藉田於朝陽門東，置官司以主之。	《晉書》，卷一〇九〈慕容皝載記〉，頁2817。
前 燕 慕容儁	宗 廟	使昌黎、遼東二郡營起廆廟，范陽、燕郡構廆廟，以其護軍平熙領將作大匠，監造二廟焉。	《晉書》，卷一一〇〈慕容儁載記〉，頁2839。
	常 山（嶽神）	常山大樹自拔，根下得璧七十、珪七十三，光色精奇，有異常玉。儁以爲嶽神之命，遣其尚書郎段勤以太牢祀之。	《晉書》，卷一一〇〈慕容儁載記〉，頁2839。

後燕慕容垂	郊燎宗廟	垂定都中山，群僚勸即尊號，具典儀，修郊燎之禮。垂從之，以太元十一年（386）僭即位，赦其境內，改元曰建興（386-395），置百官，繕宗廟社稷。使慕容農略地河南，……農進師臨海，置守宰而還，垂告捷于龍之廟。（龍城舊都，宗廟所在，另見〈慕容寶載記〉，頁3093）	《晉書》，卷一二三〈慕容垂載記〉，頁3086、3089。
後秦姚萇	社稷	立社稷於長安（時太子姚興鎮長安）	《晉書》，卷一一七〈姚萇載記〉，頁2968。
後秦姚興	禁淫祀社稷宗廟	興下書禁百姓造錦繡及淫祀。……興以日月薄蝕，災眚屢見，降號稱王，……乃遣（趙公）旻告于社稷宗廟，大赦，改元弘始（399）。	《晉書》，卷一一七〈姚興載記〉，頁2978～2980。
南燕慕容德	南郊行廟	晉安帝隆安四年（400），僭即皇帝位于南郊大赦，改元為建平。設行廟於宮南，遣使奉策告成焉。	《晉書》，卷一二七〈慕容德載記〉，頁3168。
南燕慕容超	南郊（圓丘）	義熙三年（407），追尊其父為穆皇帝，立其母段氏為皇太后，妻呼延氏為皇后。祀南郊，將登壇，有獸大如馬，狀類鼠而色赤，集于圓丘之側，俄而不知所在。須臾大風暴起，天地晝昏，其行宮羽儀皆振裂。超懼，密問其太史令成公綏，對曰：「陛下信用姦臣，誅戮賢良，賦斂繁多，事役殷苦所致也。」超懼而大赦，譴責公孫五樓等。	《晉書》，卷一二八〈慕容超載記〉，頁3180。
北涼沮渠蒙遜	祭山	蒙遜期與男成同祭蘭門山，密遣司馬許咸告（段）業曰：「男成欲謀叛，許以假日作逆。若求祭蘭門山，臣言驗矣。」至期日，果然。	《晉書》，卷一二九〈沮渠蒙遜載記〉，頁3191。
	望	蒙遜母車氏疾篤，……下書曰：「孤庶憑宗廟之靈，乾坤之祐……而太后不豫，涉歲彌增……群望不絜，神所譴乎？……可大赦殊死以下。」俄而車氏死。	《晉書》，卷一二九〈沮渠蒙遜載記〉，頁3196。
	祀金山西王母寺	蒙遜西祀金山，遣沮渠廣宗率騎一萬襲烏啼虜，大捷而還。蒙遜西至苕藋，遣前將軍沮渠成都將騎五千襲卑和虜，蒙遜率中軍三萬繼之，卑和虜率眾迎降。遂循海而西，至鹽池，祀西王母寺。寺中有玄石神圖，命其中書侍郎張穆賦焉，銘之寺前，遂如金山而歸。	《晉書》，卷一二九〈沮渠蒙遜載記〉，頁3197。
夏赫連勃勃	五郊七廟社稷	勃勃還統萬，以宮殿大成……改元真興（419）。刻石都南，頌其功德，曰：「……若洒廣五郊之義，尊七廟之制，崇左社之規，建右稷之禮，御太一以繕明堂，模帝坐而營路寢。……」	《晉書》，卷一三〇〈赫連勃勃載記〉，頁3211。

附錄二：魏晉南北朝官方山川祭祀一覽表

年　代	內　　　容	資料出處
魏文帝黃初二年（221）	六月庚子，初禮五嶽四瀆，咸秩群祀，瘞沈珪璧。	
魏文帝黃初六年（225）	七月，帝以舟軍入淮。九月壬戌，遣使者沈璧于淮。	《晉書》，卷十九〈禮志〉，頁597～598。
魏明帝太和四年（230）	八月，帝東巡，遣使者以特牛祠中嶽。	
魏明帝青龍元年（233）	詔郡國，山川不在祀典者勿祠。	《晉書》，卷十九〈禮志〉，頁600。
魏元帝咸熙元年（264）	行幸長安，使使者以璧幣禮祠華山。	《晉書》，卷十九〈禮志〉，頁598。
晉武帝泰始元年（265）	十二月，詔曰：「昔聖帝明王修五嶽四瀆、名山川澤，各有定制，所以報陰陽之功故也。然以道蒞天下者，其鬼不神，其神不傷人，故祝史薦而無媿辭，是以其人敬慎幽冥而淫祀不作。末世信道不篤，僭禮瀆神，縱欲祈請，曾不敬而遠之，徒偷以求幸，祅妄相煽，舍正為邪，故魏朝疾之。其案舊禮具為之制，使功著於人者必有其報，而祅淫之鬼不亂其間。」	《晉書》，卷十九〈禮志〉，頁600～601。
晉武帝咸寧二年（276）	春久旱。四月丁巳，詔曰「諸旱處廣加祈請」。五月庚午，始祈雨于社稷山川。	《晉書》，卷十九〈禮志〉，頁597。
晉武帝太康三、十年（282、289）	如咸寧二年，依雩之舊典。其雨多則榮祭，赤幘朱衣，閉諸陰，朱索縈社，伐朱鼓焉。	
後趙石勒（319～333）	勒南郊……禁州郡諸祠堂非正典者皆除之，其能興雲致雨，有益於百姓者，郡縣更為立祠堂，殖嘉樹，準嶽瀆已下為差等。	《晉書》，卷一〇五〈石勒載記〉，頁2748
晉穆帝升平中（357～361）	何琦論修五嶽祠曰：「……計今非典之祠，可謂非一。考其正名，則淫昏之鬼；推其縻費，則百姓之蠹。而山川大神更為簡缺，禮俗穨紊，人神雜擾，公私奔蹙，漸以繁滋。良由頃國家多難，日不暇給，草建廢滯，事有未遑。今元憝已殲，宜修舊典。……」時不見省。	《晉書》，卷十九〈禮志〉，頁598。
宋武帝永初二年（421）	普禁淫祀。由是蔣子文祠以下，普皆毀絕。孝武孝建初，更修起蔣山祠，所在山川，漸皆修復。明帝立九州廟於雞籠山，大聚羣神。	《宋書》，卷十七〈禮志〉，頁488。

北魏明元帝永興三年（411）	明年，立太祖廟于白登山。歲一祭，具太牢，帝親之，亦無常月。兼祀皇天上帝，以山神配，旱則禱之，多有效。	《魏書》，卷一〇八〈禮志〉，頁2736。
北魏明元帝泰常三年（418）	立五岳四瀆廟於桑乾水之陰，春秋遣有司祭，有牲及幣。四瀆唯以牲牢，準古望秩。其餘山川及海若諸神在州郡者，合三百二十四所，每歲十月，遣祀官詣州鎮遍祀。有水旱災厲，則牧守各隨其界內祈謁，其祭皆用牲。王畿內諸山川，皆列祀次祭，若有水旱則禱之。	《魏書》，卷一〇八〈禮志〉，頁2737。
北魏明元帝泰常四、五年（419、420）	幸代，至雁門關，望祀恆岳。……明年正月，南巡恆岳，祀以太牢。幸洛陽，遣使以太牢祀嵩高、華岳。還登太行。五月，至自洛陽，諸所過山川，群祀之。	《魏書》，卷一〇八〈禮志〉，頁2737～2738。
北魏太武帝太延元年（435）	立廟於恆岳、華岳、嵩岳上，各置侍九十人，歲時祈禱水旱。其春秋泮涸，遣官率刺史祭以牲牢，有玉幣。	《魏書》，卷一〇八〈禮志〉，頁2738。
北魏太武帝太平眞君十一年（450）	世祖南征，巡恆山，祀以太牢。浮河、濟，祀以少牢。過岱宗，祀以太牢。	《魏書》，卷一〇八〈禮志〉，頁2739。
北魏文成帝興安二年（453）	遣有司詣華岳修廟立碑。	《魏書》，卷一〇八〈禮志〉，頁2739。
北魏文成帝和平元年（460）	幸遼西，望祀醫無閭山。遂緣海西南，幸冀州，北至中山，過恆岳，禮其神而返。明年，帝南巡，過石門，遣使者用玉璧牲牢，禮恆岳。	《魏書》，卷一〇八〈禮志〉，頁2739。
北魏孝文帝太和四年（480）	〔春二月癸巳〕，詔曰：「朕承乾緒，君臨海內，夙興昧旦，如履薄冰。今東作方興，庶類萌動，品物資生，膏雨不降，歲一不登，百姓飢乏，朕甚懼焉。其敕天下，祀山川羣神及能興雲雨者，修飾祠堂，薦以牲璧。民有疾苦，所在存問。」	《魏書》，卷七〈孝文帝紀〉，頁148。
北魏孝文帝太和十九年（495）	詔祀岱岳。	《魏書》，卷一〇八〈禮志〉，頁2751。
北魏孝明帝正光三年（522）	今可依舊分遣有司，馳祈嶽瀆及諸山川百神能興雲雨者，盡其虔肅，必令感降，玉帛牲牢，隨應薦享。上下群官，側躬自厲，理冤獄，止土功，減膳撤懸，禁止屠殺。	《魏書》，卷九〈肅宗紀〉，頁233。
北齊文宣齊天保元年（550）	詔分遣使人致祭於五岳四瀆，其堯祠舜廟，下及孔父、老君等載於祀典者，咸秩罔遺。	《北齊書》，卷四〈文宣帝紀〉，頁51～52。
隋文帝開皇十五年（595）	辛丑，詔名山大川未在祀典者，悉祠之。	《隋書》，卷二〈文帝紀〉，頁40。

附錄三：西漢至唐初詔禁淫祀表

時　　　間	禁祀背景與內容	出　　處
西漢平帝元始元年（1）	班教化，禁淫祀，放鄭聲。	《漢書》，卷十二〈平帝紀〉，頁351。
東漢和帝元興元年（105）	常以鬼神難徵，淫祀無福，乃詔有司罷諸祠官不合典禮者。	《後漢書》，卷十〈和熹鄧皇后〉，頁422。
魏文帝黃初五年（224）	文帝黃初五年十一月，詔曰：「先王制禮，所以昭孝事祖，大則郊社，其次宗廟，三辰五行，名山川澤，非此族也，不在祀典。叔世衰亂，崇信巫史，至乃宮殿之內，戶牖之間，無不沃酹，甚矣其惑也。自今其敢設非禮之祭，巫祝之言，皆以執左道論，著于令。」	《宋書》，卷十七〈禮志〉，頁487。
魏明帝青龍元年（233）	明帝青龍元年，又詔：「郡國山川不在祀典者，勿祠。」	《宋書》，卷十七〈禮志〉，頁487。
晉武帝泰始元年（265）	末代信道不篤，僭禮瀆神，縱欲祈請，曾不敬而遠之，徒偷以求幸，妖妄相扇，舍正爲邪，故魏朝疾之。其按舊禮，具爲之制，使功著於人者，必有其報，而妖淫之鬼，不亂其間。	《晉書》，卷十九〈禮志〉，頁600。
晉武帝泰始二年（266）	二年正月，有司奏春分祠厲殃及禳祠，詔曰：「不在祀典，除之。」	《晉書》，卷十九〈禮志〉，頁600。
後秦姚興	興下書禁百姓造錦繡及淫祀。	《晉書》，卷一一七〈姚興載記〉，頁2978
宋武帝永初二年（421）	普禁淫祀。由是蔣子文祠以下，普皆毀絕。	《宋書》，卷十七〈禮志〉，頁488。
北魏太武帝太平眞君五年〔註1〕（444）	明年六月，司徒崔浩奏議：「神祀多不經，案祀典所宜祀，凡五十七所，餘復重及小神，請皆罷之。」奏可。	《魏書》，卷一○八〈禮志〉，頁2739。
北魏孝明帝神龜二年（519）	（胡太后）後幸嵩高山，夫人、九嬪、公主已下從者數百人，昇于頂中。廢諸淫祀，而胡天神不在其列。（約在九月時）	《魏書》，卷十三〈宣武靈皇后胡氏〉，頁338。

〔註 1〕 此文敘於太武帝遣中書侍郎李敞往烏洛侯國詣石室致祭一事之後，據米文平，〈鮮卑石室的發現與初步研究〉一文所揭示，李敞致祭之年爲太平眞君四年七月，此處言明年六月，當即爲太平眞君五年。（《文物》，1981年第二期，頁2）

北魏孝明帝神龜二年（519）	十有二月……庚申，大赦天下。詔除淫祀，焚諸雜神。	《魏書》，卷九〈孝明帝紀〉，頁229。
北周武帝建德三年（574）	（五月）丙子，初斷佛、道二教，經像悉毀，罷沙門、道士，並令還民。並禁諸淫祀，禮典所不載者，盡除之。	《周書》，卷五〈武帝紀〉，頁85。
陳宣帝太建十四年（582）	僧尼道士，挾邪左道，不依經律，民間淫祀妖書諸珍怪事，詳為條制，並皆禁絕。	《陳書》，卷六〈後主叔寶〉，頁108。
唐高祖武德九年（626）	詔私家不得輒立妖神，妄設淫祀，非禮祠禱，一皆禁絕。其龜易五兆之外，諸雜占卜，亦皆停斷。	《舊唐書》，卷二〈太宗本紀〉，頁31。

附錄四：《魏書》〈地形志〉中所見之祠廟

（一）山神廟

1.五嶽山神

太山祠　青州齊郡　盤陽　　　　太岳山祠　汾州西河郡　介休
岱岳祠　兗州泰山郡　奉高　　　華岳祠　豫州潁川郡　曲陽
華岳神　懷州河內郡　野王

2.人名山神

孤竹山祠　平州遼西郡　肥如　　禹山祠　鄭州陽翟郡　陽翟
康王山祠　光州長廣郡　長廣　　堯山祠　青州齊郡　臨淄
舜山祠　齊州濟南郡　歷城　　　女郎山祠　齊州濟南郡　平陵
郎山神　幽州燕郡　薊　　　　　貞女山祠　兗州泰山郡　梁父

3.動物名山神

白鹿山祠　營州建德郡　石城　　狼山祠　定州中山郡　唐
馬山祠　光州長廣郡　長廣　　　馬耳山祠　兗州泰山郡　嬴
鹿臺山及祠　并州襄垣郡　建義　鹿臺山祠　并州太原郡　榆次
象山祠　并州樂平郡　樂平　　　龍山祠　兗州泰山郡　博平
龍山祠　兗州泰山郡　鉅平　　　雞頭山神祠　肆州永安郡　平寇
鵲山祠　殷州南趙郡　中丘

4.其 它

九山祠	北豫州成皋郡	鞏	九山祠	鄭州陽翟郡	陽翟
大房山神	幽州燕郡	良鄉	大劉山祠	廣州南陽郡	南陽
五音山神祠	并州鄉郡	襄垣	石山祠	譙州南譙郡	茅岡
石鼓山神	肆州秀容郡	秀容	伊萊山神	海州東彭城郡	安樂
任山祠	兗州任城郡	鉅野	牟山祠	兗州泰山郡	博平
岮山廟	南青州東安郡	發干	金山神	肆州秀容郡	秀容
長平山廟	南司州宋安郡	東隨	青山祠	兗州東陽平郡	樂平
亭亭山祠	兗州泰山郡	鉅平	勇山祠	譙州蒙郡	勇山
相山廟	徐州沛郡	相	首山祠	廣州漢廣郡	高陽
索山祠	肆州永安郡	蒲子	常山祠	膠州東武郡	扶其
披山祠	光州東萊郡	披	野艾山祠	膠州高密郡	黔陬
萊山祠	光州東牟郡	黃	黃山祠	徐州彭城郡	留
睹闌山祠	東徐州武原郡	開遠	樂山神	幽州漁陽郡	潞
魯國山廟	北徐州琅邪郡	即丘	霍山祠	晉州永安郡	永安
羅山廟	南司州齊安郡	保城	霸山廟	南司州齊安郡	鄳
靈山廟	南青州東安郡	蓋	鹽山神祠	滄州樂陵郡	陽信

（二）水神廟

1.泉 神

斥泉神	定州北平郡	蒲陰	白麻泉神	滄州樂陵郡	樂陵
妒女泉及祠	并州樂平郡	石艾	車輪泉神	肆州秀容郡	敷城

2.河澤神

巨川神祠	東徐州下邳郡	下邳	亞澤神	肆州雁門郡	原平
浮瀆神	海州沭陽郡	下城	嶂洪祠	殷州趙郡	房子
龍淵神	肆州雁門郡	原平			
燋丘、雉鼱二陂、神廟	潁州西恆農、陳南二郡	胡城			

3.海 神

東海明王神　海州東彭城郡　勃海
海王神　東徐州郯郡　建陵
大家姑祠（俗稱海神，或云麻姑神）　滄州浮陽郡　章武

（三）女性神祠

1.上古神祇

女媧神祠　定州博陵郡　深澤　　　女媧廟　兗州任城郡　亢父

西王母祠　司州東郡　涼城　　　　西王母祠　定州常山郡　靈壽

2.后　妃

美原廟（疑是姜嫄廟）　岐州武功郡　美陽

戚夫人廟　徐州彭城郡　留

啓母廟　洛州陽城郡　陽城

3.其　它

三女神　殷州鉅鹿郡　西經　　　　女郎神　肆州秀容郡　秀容

女貴人神　定州博陵郡　安平　　　娥姜祠　齊州濟南郡　歷城

班姬神　瀛州高陽郡　永寧　　　　聖母祠　海州東彭城郡　安樂

顏母祠　兗州魯郡　魯　　　　　　（貞女山祠　兗州泰山郡　梁父）

（大家姑祠　滄州浮陽郡　章武）

（女郎山祠　齊州濟南郡　平陵）

（四）人鬼神祠

1.帝　王

代王神祠　肆州永安郡　驢夷　　　伏羲祠　司州汲郡　朝歌

伏羲廟　兗州高平郡　高平　　　　周文王祠　雍州咸陽郡　石安

武王祠　平州遼西郡　肥如　　　　皇侯神　義州五城郡　隰城

晉王祠　并州太原郡　晉陽　　　　莊公廟　北豫州廣武郡　苑陵

單襄公祠　徐州北濟陰郡　離狐

（堯之祠廟計十二所）

堯祠　北豫州廣武郡　中牟　　　　堯祠　司州東郡　東燕

堯祠　并州鄉郡　銅鞮　　　　　　堯祠　定州鉅鹿郡　曲陽

堯祠　營州昌黎郡　龍城　　　　　堯神　定州北平郡　望都

堯廟　并州上黨郡　樂陽　　　　　堯廟　并州鄉郡　鄉

堯廟　晉州平陽郡　平陽　　　　　堯廟　海州東海郡　下密

（堯山祠　青州齊郡　臨淄）　　　（堯臺　殷州南趙郡　廣阿）

黃帝祠　幽州襄樂郡　膚施　　　　　項羽祠　睢州穀陽郡　高昌

（漢高祖祠廟計六所）

漢高祖祠　洛州上洛郡　上洛

漢高祖祠　徐州北濟陰郡　離狐

漢高祖廟　徐州沛郡　沛

漢高祖廟　徐州沛郡　蕭

漢高祖壇　北豫州成皋郡　西成皋

漢高祖舊宅、廟碑　徐州北濟陰郡　豐

漢武帝祠　雍州北地郡　富平

（漢武帝臺　滄州浮陽郡　章武）

趙君神　定州鉅鹿郡　鄡

趙君神　瀛州章武郡　文安

趙武靈王祠　肆州永安郡　定襄

銅馬祠（祀漢光武帝）　殷州南趙郡　廣阿

衛靈公祠　司州東郡　酸棗

（魯昭公臺　兗州魯郡　魯）

2. 聖　賢

子產祠　北豫州廣武郡　苑陵　　　鄭子產廟　洛州陽城郡　康城

子路祠　司州東郡　酸棗　　　　　孔子廟　兗州魯郡　魯

老子廟　南兗州陳留郡　谷陽　　　宓子賤祠　徐州北濟陰郡　離狐

奚仲廟　徐州彭城郡　薛　　　　　許由隱窟　洛州陽城郡　康城

聖人祠　肆州永安郡　定襄

（孤竹山祠〔註3〕　平州遼西郡　肥如）

3. 忠　良

三良神　定州博陵郡　饒陽　　　　介子推祠　并州太原郡　晉陽

介君神　肆州永安郡　定襄　　　　伍子胥祠　司州東郡　東燕

〔註 3〕此祠所祀者為伯夷、叔齊，夷、齊為孤竹君之二子，讓國而去周，後因義不
　　　　食周粟，餓死於首陽山。據《水經注》，卷十四〈濡水〉：「《晉書》〈地道志〉
　　　　曰：『遼西人濡水有浮棺，欲破之，語曰：我孤竹君也，汝破我何為？因為立
　　　　祠焉。』祠在山上，城在山側，肥如縣南十二里，水之會也。」頁189。

伍子胥廟　兗州泰山郡　博平　　　　趙堯祠　定州中山郡　安喜

趙朔祠　定州常山郡　真定　　　　　關龍逢祠　并州上黨郡　屯留

4. 功　臣

太公廟　司州汲郡　汲　　　　　　　四皓祠　洛州上洛郡　上洛

四皓祠　雍州咸陽郡　石安　　　　　四門豹祠　司州魏尹　鄴

原過祠　并州太原郡　中都　　　　　原過祠　并州太原郡　晉陽

張相祠　司州北廣平郡　任　　　　　曹操祠　譙州南譙郡　渦陽

董仲舒祠　冀州勃海郡　脩　　　　　諸葛亮廟　梁州華陽郡　沔陽

鄧艾祠　南兗州陳留郡　小黃　　　　鄧艾祠　泰州恆農郡　北陝

5. 其　它

安郎神　義州五城郡　隰城　　　　　卓茂塚、祠　北豫州滎陽郡　密

叔梁紇廟　兗州魯郡　魯　　　　　　劉公祠　并州上黨郡

　（季五子臺　兗州魯郡　魯）

（五）其　它

1. 神物崇拜

凡馬祠　光州長廣郡　昌陽　　　　　大頹石神　肆州秀容郡　石城

五石神　肆州永安郡　定襄　　　　　五龍祠　并州上黨郡　壺關

五龍廟　光州長廣郡　昌陽　　　　　白馬祠　并州上黨郡（治壺關）

石蘭神　瀛州高陽郡　永寧　　　　　風伯祠　兗州任城郡　亢父

風神　肆州秀容郡　秀容　　　　　　鐵柱神　滄州樂陵郡　厭次

2. 方位神

里城神　瀛州章武郡　平舒　　　　　亞角神　肆州秀容郡　敷城

東明神　晉州永安郡　楊　　　　　　城頭神　瀛州章武郡　平舒

燕趙神　定州常山郡　九門

3. 其　它

明臺神　定州常山郡　九門　　　　　皇天神　肆州永安郡　定襄

郝神　瀛州高陽郡　高陽　　　　　　高東祠　洛州上洛郡　上洛

清天神　肆州秀容郡　肆盧　　　　　蒲臺祠　滄州樂陵郡　厭次

墠亭祠　殷州趙郡　高邑　　　　　　護君祠　肆州秀容郡　秀容

附錄五：《水經注》中所見之祠廟

（一）人鬼祠廟

1.帝　王

名　　稱	位　　　置	水　　系	卷數	備　　　　　註
黃帝祠	涿鹿縣、阪泉	灅水、涿水	13	
堯　廟	平陽縣	汾水	6	有堯神屋石碑
	長子縣	濁漳水、堯水	10	
	唐縣望都堯山	滱水	11	
	下洛縣、燕州廣寧縣	灅水	13	去平城五十里
	南陽魯陽縣	滍水	31	堯祠，堯之末孫劉累立。
堯山首山祠	蒲阪、堯城	河水、媯水、汭水	4	
堯山祠	廣縣、廣固城北	淄水、濁水	26	
堯冢靈臺	成陽縣	瓠子河	24	〈地理志〉曰：成陽有堯冢靈臺。今成陽城西二里，有堯陵，陵南一里，有堯母慶都陵，於城為西南，稱曰靈臺。鄉曰崇仁，邑號修義，皆立廟，四周列水。
舜　廟	秦州、河東郡、蒲阪	河水	4	蒲故城中
	河東郡南歷山下	河水、媯水、汭水	4	
	歷城縣	濟水	8	舜祠
	潘縣、歷山	灅水	13	虞舜廟
	西城縣故城內	沔水	27	舜祠
	泠道縣九疑山南	湘水、營水	38	
	泠道縣九疑山東北	湘水、營水	38	
	衡山縣	湘水、承水	38	
禹　廟	隴西大夏縣	河水	2	夏
	皮氏縣龍門	河水、汾水	4	大禹祠廟
	巴郡江州縣	江水	33	夏禹廟
	會稽郡山陰縣會稽山	漸江水、浙江	40	禹祠（有聖姑像）

夏后祠	雍邱縣	睢水	24	
稷　祠	平陽、皮氏縣、蒲阪北亭	汾水	6	
	釐縣（邰城）	渭水	18	
天子廟	大陽縣	河水	4	
周天子祠	弘農、湖縣	河水	4	二所
齊桓公祠	廣縣齊城	淄水、女水	26	東周
秦昭王廟	渭南、長安縣	渭水	19	東周
高祖廟	沛縣、濟縣	泗水	8	漢。蓋延令沛修之
	沛縣城內	泗水	25	
	小沛縣、泗水亭	泗水	25	
	西城縣	漢水、沔水	27	
漢文帝祠	華陰縣、華山	渭水	19	漢
漢武帝祠	藍田縣、霸陵、風涼原	渭水、霸水	19	漢
	都安縣	渭水	33	
王莽九廟	長安縣、枳道	渭水、霸水	19	
銅馬祠	鉅鹿	濁漳水	10	即漢光武帝廟，又稱銅馬劉神寺。
魏道武帝廟	沮陽縣牧牛山	㶟水、滄河	13	北魏
虞公廟	大陽縣	河水	4	周。祀太伯後虞仲
唐叔虞祠	晉陽	晉水	6	東周
崇侯虎廟	小沛縣、垞城西南	泗水	25	商。崇侯虎譖西伯
景王祠	東陽城	淄水、陽水	26	漢。劉章廟。參卷十九：赤眉樊崇於郭北（鄗縣）設壇，祀城陽景王。
	齊城	淄水、系水	26	劉章祠
梁孝王祠	碭縣	獲水	23	漢
定陶恭王廟	霸城縣	渭水	19	漢
河平侯祠	洛陽縣	河水	5	
司馬子政廟	西河郡茲氏縣	文水	6	晉西河繆王
范陽王司馬虓廟（碑）	范陽郡涿縣	聖水、桃水	12	晉
竹王三郎祠	牂柯郡談藁縣	溫水	36	漢（夜郎豚水）
竹王祠	牂柯郡談藁縣	溫水	36	（夜郎豚水）

2.聖　賢

名　　稱	位　　　置	水　　系	卷數	備　　　　註
許由廟	潁川陽城縣	潁水	22	
巢父廟	博縣、梁甫、徂徠山	汶水	24	
孤竹君祠	肥如縣、孤竹城	濡水、玄水	14	（遼西）
夷齊廟	河北縣雷首山、蒲坂	河水、涑水	4	周
	平縣首陽山	河水	5	夷齊之廟
子產墓廟	河南密縣陘山	潩水	22	東周
老子廟	散關、汧縣	渭水	17	東周
	苦縣賴鄉城	渦水	23	老君廟
	下蔡縣（新城）、八公山	淮水	30	
孔子廟	野王縣、邗城、太行山	邗水	9	魏太和元年
	苦縣、賴鄉城	陰溝水、谷水	23	東周
	魯縣、曲阜	泗水	25	夫子故宅
	壽光縣	巨洋水	26	孔子石室。故廟堂也，中有孔子像。
子夏廟	夏陽縣	河水、陶渠水	4	東周。殷濟精廬
	劉仲城	河水、徐水	4	子夏廟室
澹臺子羽祠	陳留縣裘氏鄉	渠水、沙水	22	東周
蘧伯玉祠	陳留長垣縣	濟水	8	東周
孫叔敖廟	期思縣、弋陽縣	淮水	30	東周
	壽春縣	肥水、芍陂瀆	32	孫叔敖祠

3.忠　良

名　　稱	位　　　置	水　　系	卷數	備　　　　註
伍子胥廟	頓丘郡涼城縣	河水	5	東周。魏青龍三年立
	成陽縣	瓠子河	24	伍員祠。晉大安中立
	弋陽郡高城	淮水、黃水	30	子胥廟
	廣陵郡江都縣	淮水	30	江水祠俗稱伍相廟，伍員配食於江水祠。
	錢塘縣	漸江水、榖水	40	子胥、文種之祠

名　稱	位　　置	水　系	卷數	備　　註
介子推祠	太原郡晉陽縣、汾山	汾水	6	東周
	界休縣綿山	汾水、石桐水	6	即石桐寺
屈原廟	長沙縣、襄陽宜城縣	湘水、汨水	38	東周
亞父祠	廬江縣	泗水	25	秦
田豐祠	陽武縣、官渡	渠水	22	三國。故立祠於是，用表袁氏覆滅之宜矣。

4.功名之臣

名　稱	位　　置	水　系	卷數	備　　註
百蟲將軍廟	鄩城、訾城、嵩嶽	洛水、濫水	15	夏。祀伯益（偃師縣）
周公廟	平縣	河水	5	周
太公廟	汲縣	清水	9	周
	長安	渭水、豐水	19	
仲山甫石廟	成陽縣	瓠子河	24	周
華元祠	外黃縣	泗水	25	東周
范蠡祠	洧陽、南陽宛縣	洧水	31	東周。范曾爲范蠡祠立碑
	洧陽、南陽宛縣	洧水	31	范蠡廟，夏侯湛立。
原過祠	樂平郡受陽縣	洞過水、原過水	6	東周。趙襄子之臣
西門豹祠	鄴縣	漳水	10	東周
白起祠	咸陽縣杜郵亭	渭水	19	東周
四皓廟	上洛縣楚山／高東嶺	丹水	20	漢。二處
張良廟	留縣	濟水	8	漢
廣野君酈食其廟	洛陽北山、偃師西山	穀水、陽渠水	16	漢
	陳留高陽	睢水	24	漢延熹六年雍丘令董生，今故宇無聞，而單碑介立。
陳平之祠	陽武縣、東昬縣	濟水	7	漢。平少爲社宰，以善均肉稱，今民祠其社。
司馬子長廟	夏陽縣	河水、陶〔渠〕水	4	漢。永嘉四年，漢陽太守殷濟瞻仰遺文，大其功德，遂建石室。

東方朔祠	富平縣	河水、商河	5	漢
董府君祠	觀津縣	濁漳水、衡漳	10	董仲舒廟
張禹祠堂	安昌城	沁水、沙溝水	9	漢。鴻嘉元年，禹以老乞骸骨。自治冢塋，起祠堂於平陵之肥牛亭。
朱鮪石廟	東緍縣	濟水、荷水	8	漢平狄將軍
李剛祠	重鄉城、鉅野縣	濟水、荷水、黃水	8	漢荊州刺史
魯峻石祠石廟	鉅野縣	濟水、黃水	8	漢司隸校尉
谷春祠	武功縣、太白山	渭水	18	谷春爲漢成帝時人
張明府祠	平輿縣	汝水	21	漢。祀張熹
卓茂祠	密縣	洧水	22	漢密令
張伯雅石廟	密縣	洧水、綏水	22	漢弘農太守
魯恭祠	中牟縣、中陽城	渠、清水	22	漢和帝時中牟宰
橋仁祠	睢陽	獲水、汳水	23	漢鴻臚
盛允廟	虞縣	獲水	23	漢司徒
橋玄廟	睢陽縣	睢水	24	漢太尉
胡著之廟堂	湖陽縣東隆山	比水	29	漢日南太守
賈彪廟	新息縣	淮水	30	東漢。新息故城，彪爲新息長。
尹儉石廟	魯陽縣南、彭山	彭水	31	漢安邑長
陳留王子香廟	枝江縣	江水	34	漢和帝時爲荊州刺史，永元十八年立廟設祠。
節侯廟	泠道縣、春陵縣	湘水、都溪水	38	漢
任將軍廟	曲江縣	溱水、瀧水	38	漢。南海都尉，任囂所築。
賈逵祠	穎川、項縣、小城	穎水、谷水	22	魏穎州刺史
李君祠	滎陽縣	濟水	7	祀魏郡守李勝，政有遺惠，民爲立祠。
諸葛亮廟	沔陽縣定軍山	沔水	26	三國
劉表祠堂	荊州襄陽縣	沔水	28	三國
鄧艾祠	鄧城縣	河水	5	鄧艾廟
	岐州、雍縣	渭水、雍水	18	三國
	長安縣、咸陽	渭水	19	
	長安縣	渭水、明渠	19	

名　稱	位　置	水　系	卷數	備　　　　註
陽侯祠	長安縣	渭水、潏水	19	漲輒祀之，此神能爲大波，故配食河神，後人以爲鄧艾祠。
孫堅廟	臨湘縣	湘水	38	吳人以吳芮冢木作孫堅廟
七賢祠	修武縣	清水、長泉水	9	晉。祀竹林七賢
鄭袤廟（碑）	緱氏縣	洛水、休水	15	晉
賈萌廟	九江郡、南昌縣	贛水	39	晉。萌與張普爭地，爲普所害，即日，靈見津渚，故民爲立廟焉。
劉琦廟	沌陽縣、江夏城	江水、沌水	35	晉。有墓
陶侃廟	臨湘縣	湘水	38	東晉。長沙郡廨西，舊爲賈誼宅。
劉勔廟	壽春縣	肥水	32	宋司空

5. 神　仙

名　稱	位　置	水　系	卷數	備　　　　註
巫咸祠	監鹽縣	涑水	6	（河東郡安邑）
王次仲廟	居庸縣、沮陽縣大、小翮山	㶟水、滄河、陽溝水	13	秦始皇時人，履眞懷道，窮數術之美。
王子晉祠	偃師縣	洛水	15	周
葉君祠	葉縣	汝水	21	東周。祀王喬，百姓爲立。牧守每班錄，皆先謁拜之。
	葉縣	汝水、醴水	21	葉公廟。秦漢之世即有，魏太和景初中，令長修飾舊宇。
王子喬廟	蒙縣	獲水	23	周
唐公祠	安陽縣	沔水、壻水	27	祀唐公房。學道得仙，百姓爲立廟，刊石立碑，追述靈異。
劉安廟	壽春縣、八公山	肥水	32	漢
蘇耽壇祠	桂陽郴縣	耒水	39	《桂陽列仙傳》云耽面辭母云：「受性應仙，當違供養。」百姓爲立壇祠，民安歲登。
赤松子之廟	長山縣	漸江水、浙江	40	炎帝少女追之，亦俱仙矣
趙昞之祠	吳寧縣、烏傷縣	漸江水、烏傷溪	40	昞能令枯柳生黃，梧鼎而炊，長嘯呼風，亂流而濟，百姓神服，從者如歸。章安令惡而殺之，民立祠於永寧（闓中）。

6.女性祠廟

名　　稱	位　　置	水　系	卷數	備　　註
西王母石室	金城郡允吾（修遠）縣	河水、湟水	2	
文母廟	郃陽汾陰縣	河水、潢水	4	
女郎祠	陽邱縣	濟水	8	
舜妃娥英廟	歷城縣	濟水、濼水	8	
舜及二妃祠	蒲陰縣	滱水	11	
女郎祠	當城縣	漯水、祁夷水	13	
鳴雞山祠	茹縣（大寧縣）鳴雞山	漯水、延河	13	趙襄子殺代王，代夫人磨笄於山而自殺，代人爲立祠。
王母祠	陸渾縣王母澗北／七溪山上	伊水	15	二處
盲冢祠	陳倉縣陳倉山	渭水	17	有上公明星黃帝孫舜妻盲冢祠
女媧祠	略陽城北山	渭水	17	
鳳女祠	雍縣	渭水	18	秦穆公女弄玉
姜嫄祠	釐縣	渭水	18	
聖女神	南田縣秦岡山	漾水、尙婆水	20	懸崖之側，列壁之上，有神像，若圖指狀婦人之容，至於福應徵違，方俗是祈。
李母廟	苦縣賴鄉城	陰溝水、過水	23	老子廟北
中山夫人祠	成陽縣	瓠子河	24	即堯妃祠
顏母廟	魯城	泗水、沂水	25	祀孔母顏氏
女郎廟	沔陽縣女郎山	沔水、漢水	27	傳張魯之女
美人廟	鹽官縣秦延山	沔水、谷水	29	吳
巫山之廟	巫縣	江水	34	天帝之季女，名瑤姬，號朝雲。
女嬃廟	秭歸縣	江水	34	
大姥廟	武昌樊口	江水	35	孫權獵於山所遇
二妃廟	黃陵亭	湘水	38	又稱黃陵廟，祀舜之二妃。民爲立祠於水側，劉表刊石立碑。
聖　姑	會稽	漸江水	40	禹廟有聖姑像

7.其　他

名　　稱	位　　置	水　系	卷數	備　　　　註
蚩尤祠	東郡、壽張	濟水	8	
塗君祠	巴郡江州縣	江水	33	與夏禹廟同處
象　廟	應陽縣	湘水、應水	38	祀舜弟象，東五里有鼻墟，言象所封也。
二子廟	陽平縣	河水、漯水	5	周。又稱孝祠，祀公子伋壽。
觸鋒將軍廟	冀州、北平縣	滱水、徐水	11	郎山君中子。漢戾太子之子遠遁斯山，故世有郎山之名。
曹嵩廟	譙縣	陰溝水、過水	23	三國

（二）山神祠廟

名　　稱	位　　置	水　系	卷數	備　　　　註
石隄祠	弘農縣、石隄山	河水、柏谷水	4	
北君祠	華陰、潼關	河水	4	華岳南祠
華岳下廟	華陰、潼關	河水	4	
華岳中祠	華陰、潼關	河水	4	
五龍祠	虎牢縣五龍塢、滎陽縣	河水	5	疑即應劭所言之崑崙山廟
霍太山岳廟	唐城霍太山	汾水、巖水	6	
霍太山三神	霍城、永安縣	汾水	6	（山西）
首陽神	降縣	澮水	6	貍身而狐尾
皇山廟	東郡臨邑縣	濟水	7	
徐山廟	彭城武原縣東山	濟水	8	祀徐偃王
華嶽廟	懷州野王縣	沁水	9	李洪立華嶽廟
白陽山神	遒縣、石泉固	易水、濡水、壇水	11	參白楊寺祀白楊山神
恆山下廟	曲陽縣	滱水、長星水	11	魏晉設有東西二廟
大翮神	沮陽縣、居庸縣	漯水、滄河	13	
豈山神	海陽縣、孤竹城	濡水	14	爲齊桓公開路
龍翔祠	龍城縣	大遼水	14	慕容皝立於龍山

九山廟	訾城、鄩城、嵩嶽	洛水、澨水	15	九山府君，即顯靈府君，爲太華元子。
崑崙祠	陸渾縣、伏流嶺	伊水	15	
太白祠	武功縣、太白山	渭水	18	
華岳廟	鄭縣	渭水	19	
九山祠（碑）	陽翟縣	潁水	22	
泰山三廟	奉高縣、博縣	汶水	24	有上中下三廟，上廟在山頂，即封禪處。
亭亭山神廟	博縣、龍鄉城	汶水	24	
徐　廟	彭城武原縣	沂水	25	徐廟山上有石室徐廟
蒙山之祠	臨沂縣	沂水	25	
三戶山祠	下密縣	濰水	26	
逢山祠	臨朐縣	巨洋水	26	
早山之祠	南鄭縣	沔水、廉水	27	
丞胥二山之廟	安吉縣、會稽、太湖	沔水、松江	29	胥山上今有壇石，長老云胥神所治。
彭山廟	魯陽縣南彭山	湍水	31	
預山之神廟	魯陽縣淯山	淯水	31	
南嶽廟	灊縣霍山	江水、希水	35	卷三十八言衡山爲南嶽，卷四十又言霍山爲南嶽。
禺同山神	青蛉縣禺同山	淹水	37	其山神有金馬、碧雞、光景、儵忽，民多見之。漢宣帝遣諫議大夫王褒祭之。
宮亭廟	彭澤縣	廬江水	39	山廟甚神，能分風擘流，住舟遣使，行旅之人，過必敬祀，而後得去。
*管涔王	汾陽縣管涔山	汾水	6	劉淵族子曜嘗隱避於管涔之山，夜中，忽有二童子入跪曰：管涔王使小臣奉謁趙皇帝。奉劍一口置前，再拜而去。

（三）水神祠

名　稱	位　置	水　系	卷數	備　註
五戶祠	虢縣、大陽城、砥柱山	河水	4	魏景初二年，寇慈帥工五千人，歲常修治。晉泰始三年正月，武帝遣趙國、樂世帥五千餘人修治河灘。

名稱	位置	水系	卷數	備註
四瀆祠	茌平縣、臨邑縣	河水	5	
般祠	涼城縣、濮陽縣	河水	5	祠在河中，積石爲基。
濟水祠	臨邑縣	濟水	8	
蒲上祠	蒲陰縣	滱水、蒲水	11	又稱百祠
汧水祠	郁夷縣、陳倉縣	渭水	17	
龍淵廟	茂陵縣	渭水、成國渠	19	
青陂廟	新息縣	汝水	21	
原泉祠	卞縣	泗水	25	
冶泉祠	臨朐縣	巨洋水	26	有古壇，參差相對，後人微加功飾，以爲嬉遊之處。
江水祠	江都縣	淮水	30	俗謂之伍相廟，伍員配食於江水祠。
淮源廟（碑）	復陽縣、桐柏大復山	淮水	30	郭苞立
瞿塘灘之神廟	魚復縣	江水	33	刺史二千石經過，皆不得鳴角伐鼓。
觀岐之神廟	中宿縣	溱水	38	
魚浦王廟	上虞縣覆舟山	漸江水	40	

（四）其　他

名　稱	位　　置	水　系	卷數	備　　　　註
風伯祠	金城、長寧亭	河水、湟水	2	
	高平縣	河水、苦水	2	風伯壇
土樓神祠	西平郡、西平亭	河水、湟水	2	
后土祠	汾陰縣	河水	4	
火井廟	鴻門縣、圜陰縣	河水、圜水	3	
火井祠	武州縣	漯水、滄水	13	
郊天壇	平城縣	漯水、如渾水	13	
郊　壇	武昌城西		35	爲孫權告天即位處
雩　壇	魯縣	泗水、沂水	25	

陽公壇社	右北平徐無縣	鮑丘水、南黃水	14	
太　廟	河南洛陽	穀水	16	
齊八祠	臨淄縣	淄水	26	齊八祠有神廟
	琅邪箕縣	濰水	26	
大壇、小壇	河南洛陽	穀水	16	
下　畤	雍縣、岐州城	渭水	18	秦靈公作下畤祀炎帝
上　畤	雍縣、岐州城	渭水	18	秦靈公於吳陽作
密　畤	雍縣、岐州城	渭水	18	秦宣公作，祀青帝。
鄜　畤	雍縣、岐州城	渭水	18	秦文公作，祀白帝。
畦　畤	雍縣、岐州城	渭水	18	秦獻公作，祀白帝。
五畤祠	雍縣、岐州城	渭水	18	
	雍縣、岐州城	渭水	19	雍有五畤以祀五帝／漢成帝罷雍五畤始祀皇天上帝於長安南郊
北　畤	雍縣、岐州城	渭水	18	漢高帝立，祀黑帝
神農社	江夏平春縣、厲鄉烈山	滲水	32	
上陵畤	陽周縣、橋山	河水、奢延水	3	黃帝塚、黃帝仙
石養父母	華陰、潼關	河水	4	又屆一祠，石龕木主存焉。
石　廟	湖陽縣、新野縣	比水	29	又有石廟數間，依於墓側，棟宇崩毀，惟石壁而已，亦不知誰之冑族。
怒特祠	武都故道縣	渭水	17	其神木南山大梓
大樹神廟	會稽山陰縣	漸江水	40	銅牛山有銅穴，銅穴中有大樹神廟。
陳寶雞鳴祠	陳倉縣陳倉山	渭水	17	雞鳴神。秦文公得石而寶祠之。
五部神廟	鄭縣	渭水	19	
徘徊廟	平陵縣	渭水、成國渠	19	
遺　祠	新鄭縣	洧水	22	名曰章乘
神祠鬼塔	交州林邑城	溫水	36	林邑國典沖。大小八廟，層臺重樹，狀似佛剎。
比景廟	交州日南郡比景縣	溫水	36	日中頭上，景當身下，與景為比。

附錄六：《水經注》中所見之水神

名　稱	位　置	水　系	卷數	備　　註
河　伯	陽紆之山	河水	1	
	大陽縣砥柱山	河水	4	河伯本非江神
	濮陽縣	河水	5	
	長安縣	渭水	19	
	湞陽縣、中宿縣	溱水	38	此爲通稱水神
汾洮之神	聞喜縣	涑水	6	臺駘
海　神	海陽縣、孤竹城	濡水	14	《三齊略記》曰：始皇於海中作石橋，海神爲之樹柱。
洛神宓妃	洛陽縣	洛水	15	
洛水之神	鞏縣	洛水	15	《竹書紀年》：洛伯用與河伯馮夷鬥。
江　神	懷德縣、平舒城	渭水	19	江神素車白馬返璧
	成都縣	江水	33	縣有蜀王兵蘭，其神作大灘江中，崖峻阻險，不可穿鑿，李冰乃積薪燒之。
	錦里、廣都縣	江水	33	蜀有迴復水，江神嘗溺殺人，文翁爲守祠之，勸酒不盡，拔劍擊之，遂不爲害。
江　使	睢陽縣	睢水	24	宋元君夢江使乘輶車，被繡衣，而謁於元君。
東海君	汝南郡平輿縣	汝水	21	葛陂方數十里，水物含靈，多所苞育。昔費長房劾東海君於是陂。
河　神	華陰、潼關	河水	4	華岳本一山當河，河水過而曲行，河神巨靈，手盪腳蹋，開而爲兩。
	蒙山	沫水	36	昔沫水歷代爲患，蜀郡太守李冰發卒鑿平溷崖，河神矗怒，冰乃操刀入水，與神鬥。
錢塘潮之傳說	會稽、錢塘	漸江水	40	文種既葬一年，子胥從海上，負種俱去，游大江海，故潮水之前揚波者伍子胥，後重水者大夫種。

徵引書目

一、傳統文獻

（一）十三經之部

1. 《十三經注疏（一）·周易》（臺北：藝文印書館，1955 年）。
2. 《十三經注疏（二）·尚書》（臺北：藝文印書館，1955 年）。
3. 《十三經注疏（五）·周禮》（臺北：藝文印書館，1955 年）。
4. 《十三經注疏（七、八）·禮記》（臺北：藝文印書館，1955 年）。
5. 孫希旦，《禮記集解》（北京：中華書局，1995 年）。

（二）正史之部

1. 司馬遷，《史記》，新校本（臺北：鼎文書局，1981 年）。
2. 班固，《漢書》，新校本（臺北：鼎文書局，1986 年）。
3. 范曄，《後漢書》，新校本（臺北：鼎文書局，1981 年）。
4. 陳壽，《三國志》，新校本（臺北：鼎文書局，1978 年）。
5. 房玄齡等，《晉書》，新校本（臺北：鼎文書局，1993 年）。
6. 魏收，《魏書》，新校本（臺北：鼎文書局，1993 年）。
7. 李百藥，《北齊書》，新校本（臺北：鼎文書局，1993 年）。
8. 令狐德棻，《周書》，新校本（臺北：鼎文書局，1990 年）。
9. 沈約，《宋書》，新校本（臺北：鼎文書局，1990 年）。
10. 蕭子顯，《南齊書》，新校本（臺北：鼎文書局，1983 年）。
11. 魏徵、姚思廉等，《梁書》，新校本（臺北：鼎文書局，1983 年）。
12. 姚思廉等，《陳書》，新校本（臺北：鼎文書局，1993 年）。

13. 李延壽，《北史》，新校本（臺北：鼎文書局，1980 年）。

14. 魏徵等，《隋書》，新校本（臺北：鼎文書局，1993 年）。

15. 劉昫，《舊唐書》，新校本（臺北：鼎文書局，1989 年）。

16. 宋祁、歐陽修，《新唐書》，新校本（臺北：鼎文書局，1989 年）。

17. 張廷玉等，《明史》，新校本（臺北：鼎文書局，1982 年）。

（三）佛教典籍之部

《大正新修大藏經》（臺北：新文豐出版公司，1994 年）。

1. 《六度集經》（第三卷，本緣部上，152）。

2. 《阿難問事佛吉凶經》（第十四卷，經集部一，492）。

3. 《佛說普曜經》（第三卷，本緣部上，186）。

4. 《悲華經》（第三卷，本緣部上，157）。

5. 鳩摩羅什譯，《妙法蓮華經》（第九卷，法華部，262）。

6. 慧皎，《高僧傳》（第五十卷，史傳部二，2059）。

7. 道宣，《續高僧傳》（第五十卷，史傳部二，2060）。

8. 贊寧，《宋高僧傳》（第五十卷，史傳部二，2061）。

9. 道宣，《廣弘明集》（第五十二卷，史傳部四，2103）。

10. 道世，《法苑珠林》（第五十三卷，事彙部上，2122）。

（四）其它之部

1. 干寶，《搜神記》（臺北：洪氏出版社，1982 年）。

2. 王琰，《冥祥記》，收錄於《魯迅全集（八）·古小說鉤沉》（北京：人民文學出版社，1973 年）。

3. 王欽若等，《冊府元龜》（北京：中華書局，1972 年）。

4. 《列異傳》，收錄於《魯迅全集（八）·古小說鉤沉》（北京：人民文學出版社，1973 年）。

5. 呂望，《六韜（及其他四種）》（叢書集成初編）（北京：中華書局，1991 年）。

6. 杜佑撰、王文錦等點校，《通典》（北京：中華書局，1988 年）。

7. 杜臺卿，《玉燭寶典》（叢書集成初編）（北京：中華書局，1985 年）。

8. 周生春，《吳越春秋輯校彙考》（上海：上海古籍出版社，1997 年）。

9. 陸廣微，《吳地記（後集及其他一種）》（臺北：臺灣商務印書館，1960 年）。

10. 逯欽立，《先秦漢魏晉南北朝詩》（臺北：木鐸出版社，1988 年）。

11. 楊衒之著、楊勇校箋，《洛陽伽藍記校箋》（臺北：正文書局，1982 年）。

12. 葛洪，《神仙傳》，欽定四庫全書版（上海：上海古籍出版社，1995 年）。

13. 劉向著、王叔岷校箋，《列仙傳校箋》（臺北：中央研究院中國文哲研究所，1995 年）。

14. 劉義慶，《幽明錄》，收入周光培編，《歷代筆記小說集成（一）‧漢魏筆記小說》（石家莊：河北教育出版社，1994 年）。

15. 歐陽詢，《藝文類聚》（臺北：新興書局，1973 年）。

16. 應劭著、王利器注，《風俗通義校注》（臺北：漢京文化事業公司，1983 年）。

17. 顏之推，《還冤記》，收入周光培編，《歷代筆記小說集成（一）‧漢魏筆記小說》（石家莊：河北教育出版社，1994 年）。

18. 酈道元，《水經注》（臺北：世界書局，1988 年）。

二、中、日文著作

1. 小川貫弌，〈浮屠祠と祠堂〉，《印度學佛教學研究》十九卷二期，1971 年 3 月。

2. 中島成明，〈支那古代洪水傳說の成立〉，《支那學》十卷三期，1942 年 9 月。

3. 井上以智爲，〈五嶽眞形圖に就ついて〉，《（内藤博士還曆祝賀）支那學論叢》（京都：弘文堂書書，1925 年）。

4. 井上以智爲，〈北岳恆山の北岳廟〉（上、下），《歷史と地理》十四卷六期、十五卷二期，1924 年 12 月。

5. 井上以智爲，〈北嶽恆山の祭祀〉（一、二），《歷史と地理》，十五卷四期、十五卷六期，1925 年 4、6 月。

6. 王孝廉，〈黃河之水──河神的原像及信仰傳承〉，《漢學研究》八卷一期，1990 年 6 月。

7. 王國良，《顏之推冤魂志研究（下篇：輯佚校釋）》（臺北：文史哲出版社，1995 年）。

8. 王貴民，《中國禮俗史》（臺北：文津出版社，1993 年）。

9. 加藤常賢，〈巫祝考〉，《中國古代文化の研究》（東京：明德出版社，1980 年）。

10. 田村專之助，〈靈星について〉，《東洋史會紀要》（三）（東京：東洋史會，1938 年）。

11. 朱祖延，《北魏佚書考》（開封：中州古籍出版社，1985 年）。

12. 江上波夫，〈匈奴的祭祀〉，《日本學者研究中國史論著選譯（九、民族‧

交通）》（北京：中華書局，1993 年）。

13. 米文平，〈鮮卑石室的發現與初步研究〉，《文物》，1981 年第二期。

14. 余英時，〈中國古代死後世界觀的演變〉，《中國思想傳統的現代詮釋》（臺北：聯經出版事業公司，1987 年）。

15. 李明正、張杰主編，《泰山研究論叢》（青島：青島海洋大學出版社，1990 年）。

16. 李貞德，〈漢唐之間求子醫方試探——兼論婦科濫觴與性別論述〉，《中央研究院歷史語言研究所集刊》第六十八本第二分，1997 年。

17. 李豐楙，〈宋朝水神許遜傳說之研究〉，《漢學研究》八卷一期，1990 年 6 月。

18. 周一良，〈能仁與仁祠〉，《魏晉南北朝史論集》（北京：中華書局，1963 年）。

19. 周一良，《魏晉南北朝史札記》（北京：中華書局，1985 年）。

20. 林尹，《周禮今註今譯》（臺北：臺灣商務印書館，1992 年）。

21. 林富士，〈中國六朝時期的巫覡與醫療〉，《中央研究院歷史語言研究所集刊》第七十本第一分，1999 年 3 月。

22. 林富士，〈六朝時期民間社會所祀「女性人鬼」初探〉，《新史學》七卷四期，1996 年 12 月。

23. 林富士，《漢代的巫者》（臺北：稻鄉出版社，1990 年）。

24. 板野長八，《中國古代における人間觀の展開》（東京：岩波書店，1976 年）。

25. 金子修一，〈關於魏晉到隋唐郊祀、宗廟制度〉，《日本中青年學者論中國史（六朝隋唐卷）》（上海：上海古籍出版社，1995 年）。

26. 長部和雄，〈支那生祠小考〉，《東洋史研究》九卷四期，1945 年 11 月。

27. 侯旭東，《五、六世紀北方民眾佛教信仰》（北京：中國社會科學出版社，1998 年）。

28. 姜亮夫，〈示社形義說〉，《古史學論文集》（上海：上海古籍出版社，1996 年）。

29. 姚薇元，《北朝胡姓考》（北京：中華書局，1962 年）。

30. 洪德先，〈俎豆馨香——歷代的祭祀〉，《中國文化新論（宗教禮俗篇）·敬天與親人》（臺北：聯經出版事業公司，1993 年）。

31. 狩野直喜，〈支那上代の巫、巫咸に就いて〉，《支那學文藪》（京都：弘文堂書房，1927 年）。

32. 狩野直喜，〈支那古代祭尸の風俗に就きて〉，《支那學文藪》（京都：弘文堂書房，1927 年）。

33. 狩野直喜，〈說巫補遺〉，《支那學文藪》（京都：弘文堂書房，1927 年）。

34. 狩野直喜，〈續說巫補遺〉，《支那學文藪》（京都：弘文堂書房，1927 年）。

35. 凌純聲，〈中國古代社之源流〉，《中央研究院民族學研究所集刊》第十七期，1965 年。

36. 凌純聲，〈中國祖廟的起源〉，《中央研究院民族學研究所集刊》第七期，1959 年。

37. 凌純聲，〈秦漢時代之時〉，《中央研究院民族學研究所集刊》第十八期，1964 年。

38. 唐長孺，〈魏晉期間北方天師道的傳播〉，《魏晉南北朝史論拾遺》（北京：中華書局，1983 年）。

39. 宮川尚志，〈六朝時代の巫俗〉，《六朝史研究（宗教篇）》（京都：平樂寺書店，1977 年）。

40. 宮川尚志，〈水經注に見えた祠廟〉，《六朝史研究（宗教篇）》（京都：平樂寺書店，1977 年）。

41. 宮川尚志，〈項羽神の研究〉，《六朝史研究（宗教篇）》（京都：平樂寺書店，1977 年）。

42. 徐復觀，《兩漢思想史（二）》（臺北：學生書局，1993 年）。

43. 栗原圭介，《禮記宗教思想の研究》（東京：明德印刷出版社，1969 年）。

44. 烏丙安，《中國民間信仰》（上海：上海人民出版社，1998 年）。

45. 郝春文，〈東晉南北朝時期的佛教結社〉，《歷史研究》，1992 年第二期。

46. 酒井忠夫，〈泰山信仰の研究〉，《史潮》七卷二期，1937 年。

47. 康樂，《從西郊到南郊——國家祭典與北魏政治》（臺北：稻鄉出版社，1995 年）。

48. 陳戍國，《魏晉南北朝禮制研究》（長沙：湖南教育出版社，1995 年）。

49. 陳國符，〈（附錄四）南北朝天師道考長編〉，《道藏源流考》（北京：中華書局，1992 年）。

50. 陳寅恪，《金明館叢稿二編》（臺北：里仁書局，1982 年）。

51. 陳寅恪，《隋唐制度淵源略論稿》（臺北：里仁書局，1994 年）。

52. 勞榦，〈漢代社祀的源流〉，《中央研究院歷史語言研究所集刊》第十一本，1943 年。

53. 森鹿三，〈支那古代に於ける山嶽信仰〉，《歷史と地理》二十八卷六期，1931 年。

54. 森鹿三，〈晉・趙北方進展と山川の祭祀〉，《東洋史研究》一卷一期，1935 年 10 月。

55. 渡邊義浩，《後漢國家の支配と儒教》（東京：雄山閣，1995 年）。

56. 湯一介，《魏晉南北朝時期的道教》（臺北：東大圖書公司，1991 年）。

57. 湯用彤，《漢魏兩晉南北朝佛教史》（臺北：臺灣商務印書館，1991 年）。

58. 馮佐哲、李富華著，《中國民間宗教史》（臺北：文津出版社，1994 年）。

59. 馮爾康，《中國古代的宗族與祠堂》（北京：商務印書館，1996 年）。

60. 黃芝崗，《中國的水神》（香港：龍門書店，1968 年），據民國 23 年（1934）排印影印。

61. 新美寬，〈夷伯の廟について〉，《支那學》十卷四期，1942 年 12 月。

62. 裘錫圭，〈寒食與改火——介子推焚死傳說研究〉，《文史叢稿——上古思想、民俗與文字學史》（上海：遠東出版社，1996 年）。

63. 詹鄞鑫，《神靈與祭祀——中國傳統宗教綜論》（南京：江蘇古籍出版社，1992 年）。

64. 寧可，〈述「社邑」〉，《北京師範學院學報》，1985 年第一期。

65. 寧可，〈漢代的社〉，《文史》第九期，1980 年。

66. 窪德忠，《道教と中國社會》（東京：平凡社，1948 年）。

67. 蒲慕州，《追尋一己之福：中國古代的信仰世界》（臺北：允晨出版社，1995 年）。

68. 劉淑芬，〈北齊標異鄉義慈惠石柱——中古佛教社會救濟的個案研究〉，《新史學》五卷四期，1994 年 12 月。

69. 劉增貴，〈天堂與地獄：漢代的泰山信仰〉，《大陸雜誌》九十四卷五期，1997 年 5 月。

70. 劉曄原、鄭惠堅著，《中國古代祭祀》（臺北：臺灣商務印書館，1998 年）。

71. 蔣竹山，〈宋至清代的國家與祠神信仰研究的回顧與討論〉，《新史學》八卷二期，1997 年 6 月。

72. 蔡宗憲，〈淫祀、淫祠與祀典——漢唐間幾個祠祀概念的歷史考察〉，《唐研究》第十三卷，2007 年 12 月。

73. 蔡宗憲，〈佛教文獻中的山神形象初探〉，收入朱鳳玉、汪娟主編，《張廣達先生八十華誕祝壽論文集》（臺北：新文豐出版公司，2010 年）。

74. 賴雅靜，〈六朝志怪小說中的死後世界〉（臺北：國立政治大學中國文學研究所碩士論文，1990 年）。

75. 錢穆，《秦漢史》（臺北：東大圖書公司，1985 年）。

76. 瞿兌之，〈社〉，《中國上古史論文集》（臺北：華世出版社，1979 年）。

77. 顏尚文，〈後漢三國西晉時代佛教寺院之分布〉，《國立臺灣師範大學歷史學報》第十三期，1985 年。

78. 鎌田茂雄著、關世謙譯，《中國佛教通史（一）》（高雄：佛光出版社，1994 年）。

79. 藤枝了英，〈社の原始的形態に就いて〉，《支那學》十卷二期，1942 年 6 月。

80. 顧炎武，《原抄本顧亭林日知錄》（臺北：文史哲出版社，1979 年）。

81. ルドルフ・ヘルツアー（Rudolf Herzer）著、福井重雅譯，〈淫祀及び淫祠の考察〉，《漢魏文化》第四期，1963 年 10 月。